电子商务管理与战略：财务视角

朱小洁　姚慧君◎著

中国商务出版社
·北京·

图书在版编目（CIP）数据

电子商务管理与战略：财务视角 / 朱小洁，姚慧君著. -- 北京：中国商务出版社，2024. 12. -- ISBN 978-7-5103-5436-6

Ⅰ. F713. 36

中国国家版本馆 CIP 数据核字第 20244MV026 号

电子商务管理与战略：财务视角

DIANZI SHANGWU GUANLI YU ZHANLÜE：CAIWU SHIJIAO

朱小洁　姚慧君◎著

出版发行：中国商务出版社有限公司

地　　址：北京市东城区安定门外大街东后巷 28 号　邮　　编：100710

网　　址：http://www.cctpress.com

联系电话：010—64515150（发行部）　010—64212247（总编室）

010—64515164（事业部）　010—64248236（印制部）

责任编辑：杨　晨

排　　版：北京天逸合文化有限公司

印　　刷：宝蕾元仁浩（天津）印刷有限公司

开　　本：710 毫米×1000 毫米　1/16

印　　张：14. 25　字　　数：205 千字

版　　次：2024 年 12 月第 1 版　印　　次：2024 年 12 月第 1 次印刷

书　　号：ISBN 978-7-5103-5436-6

定　　价：79. 00 元

课题项目

教育部供需对接就业育人项目第三期立项项目“基于职教改革打造‘精英人才孵化’和‘精准就业输出’的校企合作双平台”（项目编号：2023122704480）

广西教育科学“十四五”规划2022年度“1+X”证书制度试点建设研究专项课题“广西‘1+X’证书制度建设‘四级递进’管理体制和‘多角联动’运行机制效用最大化研究”（项目编号：2022ZJY2217）

广西工商职业技术学院课题“广西职业院校以‘职教高考+职业技能证书’新型人才培养模式赋能新质生产力发展研究”（项目编号：XY2024ZC31）

广西工商职业技术学院横向课题“‘双十二’岗课融合综合教学实践项目”（项目编号：GSXY2024-02-FX-78）

广西工商职业技术学院横向课题“‘双十一’岗课融合综合教学实践项目”（项目编号：GSXY2024-02-FX-80）

前　言

电子商务的兴起，使得企业能够跨越地域限制，更广泛地触达消费者，实现产品和服务的快速流通。然而，这种新型商业模式也带来了一系列新的财务管理问题。如何在电子商务环境中进行有效的资金管理、风险控制、收益预测以及战略规划，成为企业必须面对的重要课题。在电子商务时代，财务数据的分析和解读显得尤为重要。本书从财务视角出发，详细剖析电子商务企业的收入来源、成本控制、资金流管理以及财务风险控制等关键领域。同时，还探讨如何通过财务数据来评估电子商务企业的经营绩效，以及如何基于这些财务数据来制定和调整战略决策。

本书共分为八章，内容涵盖了电子商务管理概述、电子商务的技术基础、电子商务的模式与运作流程、财务管理的内涵及相关研究、电子商务下的财务管理、电子商务的财务战略规划、电子商务的风险管理与内部控制，以及电子商务环境下的财务管理模式创新研究。通过本书的学习，读者将能够全面了解电子商务管理的发展现状，以及电子商务对财务管理的影响，掌握电子商务环境下的财务管理理论和实践技能，为企业在转型发展过程中制定科学、合理的电子商务管理战略，特别是制定财务战略，提供积极参考和有力支持。

作　者

2024. 5

目　录

第一章　电子商务管理概述

第一节　电子商务活动

一、电子商务概述

（一）电子商务的定义

电子商务作为现代商业的一种新型模式，深度融合了信息网络技术与商品交换的核心理念。它不仅仅局限于互联网，还延伸至企业内部网和增值网，构建了一个全方位的电子交易平台。在这个平台上，交易活动和相关服务得以高效、便捷地进行，无论是商品的选购、订单的提交，还是支付的完成，都显得如此流畅与迅速。这一模式实际上是对传统商业活动的一种电子化、网络化和信息化的再现。在过去，商业交易往往受到时间、地点的束缚，而现在，电子商务打破了这些束缚，使得商业活动可以在任何时间、任何地点进行。买家和卖家无需面对面交流，就能完成整个交易流程，这无疑大大提高了交易的效率和便捷性。电子商务不仅改变了交易方式，更推动了商业模式的创新与升级。传统的实体店铺逐渐被虚拟的网店所替代，商品信息、价格、促销等都能实时更新，为消费者提供了更多的选择和便利。同时，网店也为企业带来了前所未有的市场拓展机会，使得商品可以迅速触及更广泛的受众。

（二）电子商务的特点

1. 高效便捷性

电子商务通过互联网技术实现交易过程的电子化和自动化，这一变革不仅彻底改变了传统的商业模式，还大大提高了商业活动的效率和便捷性。买家可以随时随地进行在线购物，不再受限于实体店铺的营业时间和地点，这极大地节省了消费者的时间和精力。无论是在深夜还是在偏远地区，只要有网络连接，购物就变得触手可及。同时，电子商务平台提供丰富的商品信息和比较功能，消费者可以轻松浏览各种产品信息，对比价格、质量和用户评价，从而做出更明智的购买决策。这种高效便捷性不仅提升了消费者的购物体验，也推动了商业活动的快速发展。

2. 全球市场覆盖

电子商务打破了地域限制，使得商品和服务能够触及全球范围内的潜在消费者。这一特点为商家提供了前所未有的市场拓展机会。通过电子商务平台，商家可以轻松地将产品推向国际市场，吸引更多的消费者，从而增加销售额和市场份额。这种全球市场的覆盖能力不仅为大型企业提供了更广阔的发展空间，也为中小企业提供了与大型企业竞争的机会。中小企业可以借助电子商务平台，以较低的成本快速进入国际市场，与大型企业同台竞技。这一变革极大地促进了全球贸易的发展，推动了经济的全球化进程。

3. 个性化与定制化

电子商务平台能够根据消费者的购物历史和偏好，提供个性化的推荐和服务。这种个性化服务不仅提升了消费者的购物体验，还增强了消费者的忠诚度。电子商务平台通过数据分析，精准地了解消费者的需求和喜好，为其推荐合适的产品和服务。同时，许多电子商务平台还提供了商品定制的功能，消费者可以根据自己的需求定制个性化产品，如定制化的服装、鞋帽、首饰等。这种定制化的服务满足了消费者对个性化产品的追求，使其能够拥有独一无二的商品。个性化和定制化的趋势不仅提升了消费者的满意度，也为商家带来了更多的销售机会。

4. 透明度高

电子商务平台上的商品信息、价格、评价等都是公开透明的，这一特点为消费者提供了更多的选择和比较机会。消费者可以轻松地浏览不同产品、品牌和价格，通过对比和评价做出更明智的购买决策。这种透明度不仅增强了市场的竞争性，还推动了商品质量的提升和价格的合理化。在透明的市场环境下，商家需要不断提高产品质量和服务水平以吸引消费者，而消费者也可以根据自己的需求和预算选择最合适的产品。这种公平、公开的市场竞争有助于促进整个行业的健康发展。

5. 交易安全性

随着电子商务技术的不断发展，交易安全性得到了显著提升。电子商务平台采用了多种安全措施来确保交易过程的安全性，如使用先进的加密技术对交易信息进行保护，防止数据泄露和被盗用；实施严格的身份验证机制，确保只有合法用户才能进行交易操作。此外，第三方支付平台的兴起也为电子商务交易提供了额外的安全保障。这些支付平台具有专业的风险控制和安全保障机制，能够有效降低交易风险。这些措施共同作用，为消费者营造了一个安全、可靠的购物环境，增强了消费者的信心并促进了电子商务的繁荣发展。

二、电子商务的形成过程

（一）电子商务产生和发展的条件

电子商务产生和发展的条件（见图 1-1）。

1. 计算机的广泛应用

随着计算机技术的持续进步，其强大的处理能力、巨大的存储空间和高效的网络通信能力得到了前所未有的提升。这种技术的飞跃，使得电子商务中的大量商业数据能够得到快速而准确的处理。不仅如此，面对复杂的商业逻辑和运算，计算机技术也能轻松应对，确保电子商务交易的流畅与高效。计算机技术的普及使得电子商务不再是高不可攀的技术领域。过去，由于技术门槛较高，许多中小企业和个人创业者难以涉足电子商务领域。而如今，随着计算机技术的普及，这一门槛已被大大降低。越来越多的中小企业和个人都能轻松参与到电子商务活动中，享受其带来的便捷与高效。这种普及不仅推动了电子商务的快速发展，也为整个社会经济注入了新的活力。

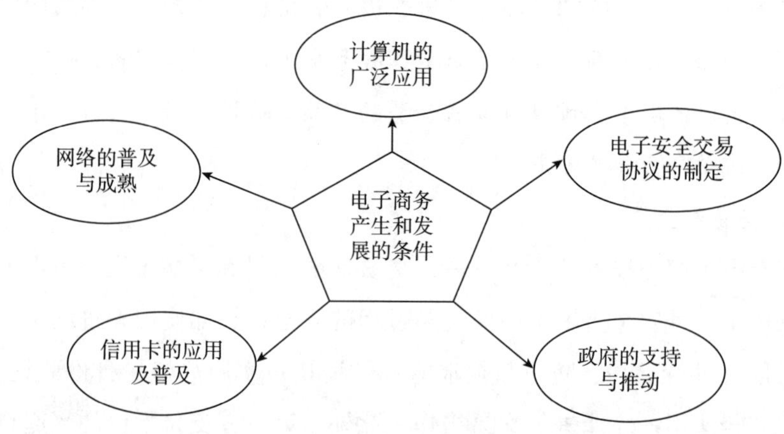

图 1–1　电子商务产生和发展的条件

2. 网络的普及与成熟

近年来，互联网技术取得了突飞猛进的发展，尤其是移动互联网的普及，极大地改变了人们的生活方式和商业模式。如今，无论身处何地，人们都能通过智能手机或其他移动设备轻松接入网络，随时随地进行在线购物和交易。这种便捷性不仅提升了消费者的购物体验，也极大地促进了电子商务的繁荣发展。此外，网络技术的成熟还体现在传输速度的大幅提升和稳定性的显著增强。这使得电子商务交易更加高效、顺畅，大大减少了因网络问题导致的交易延迟或失败的情况。在这样的网络环境下，电子商务得以蓬勃发展，为消费者和企业提供了更加便捷、高效的交易平台。同时，随着社交媒体、在线支付等网络应用的广泛普及，电子商务的生态系统也日益完善，这些应用不仅丰富了电子商务的功能和服务，也为其发展注入了新的活力。

3. 信用卡的应用及普及

信用卡的应用及普及，无疑为电子商务的支付方式带来了革命性的变革。作为一种先消费后付款的便捷支付工具，信用卡极大地简化了电子商务的交易流程。在线购物过程中，消费者无需携带大量现金或进行烦琐的银行转账，只需通过信用卡轻轻一刷，即可完成支付，这大大提高了交易的便捷性。同时，信用卡的普及也在一定程度上提升了消费者的购买力。有了信用卡，消费者可以更加灵活地规划自己的资金，实现先消费后还款，这使得他们在购物时更加从容，也更有信心进行大额消费。因此，信用卡的普及无疑为电子商务市场的繁荣发展注入了强大的动力。

4. 电子安全交易协议的制定

电子安全交易协议的制定对电子商务的安全性起到了至关重要的作用。这些精心设计的协议，详细规定了电子交易中的各项安全标准、加密方法以及身份验证方式等关键环节，为电子商务筑起了一道坚固的安全屏障。它们确保了交易信息的机密性，使得敏感数据在传输过程中不会被未经授权的第三方获取。同时，这些协议还保障了信息的完整性，防止数据在传输过程中被篡改或损坏。通过身份验证机制，协议确保了交易双方的真实身份，从而有效避免了欺诈行为的发生。这些协议的应用，如同为电子商务装上了一把把坚固的锁，使得交易信息得到了全方位的保护。在这样的安全环境下，消费者和企业可以更加放心地进行电子商务，无需担忧信息泄露、篡改或伪造等安全风险，从而保障了电子商务的顺利进行。

5. 政府的支持与推动

为了促进电子商务的健康发展，政府精心制定了一系列相关政策、法规和标准，这些举措为电子商务行业提供了坚实的法律保障，确保了交易的合法性和公平性。同时，政府还给予了电子商务有力的政策支持，为行业的蓬勃发展注入了强大的动力。除此之外，政府在电子商务基础设施建设方面也下足了功夫。通过完善物流配送体系、提升网络覆盖率等举措，政府为电子商务的发展创造了优越的外部环境，使得商品能够快速、准确地送达消费者手中，极大地提升了购物体验。为了进一步推动电子商务行业的发展，政府还积极举办各类电子商务展会、论坛等活动。这些活动不仅为行业内人士提供了交流与合作的平台，还促进了先进理念和技术的传播，为电子商务行业的持续创新和发展注入了新的活力。

（二）电子商务的发展阶段

1. 基于 EDI 的电子商务

基于电子数据交换（Electronic Data Interchange，EDI）的电子商务，作为电子商务的早期形态，曾在企业间信息交互中发挥了重要作用。在这一时期，企业借助专用的增值网络，实现了商业文档（如订单、发货通知及发票等）的电子化交换。这一变革显著提升了企业间信息传递的效率和精确度，传统纸质文档的流转逐渐被电子化的数据交换所取代，进而大幅度降低了与纸质文档相关的使用和存储成本。然而，基于 EDI 的电子商务模式也存在其局限性。由于需要构建和维护专门的 EDI 系统，这要求企业投入相当可观的资金和时间资源。同时，这种系统的复杂性通常使得只有大型企业才具备实施的条件和能力，中小企业往往因成本和技术门槛而望而却步。因此，尽管 EDI 技术在提升企业间信息交流效率方面表现出色，但其高昂的实施成本和相对封闭的应用范围限制了其在更广泛商业领域中的普及和应用。

2. 基于互联网的电子商务

基于互联网的电子商务无疑已经成为当今商务活动的主流形式，标志着电子商务进入了一个全新的发展阶段。这一阶段的显著特征是互联网技术的迅猛发展和全面普及，这为电子商务带来了空前的便捷性和丰富的机遇。通过互联网这一强大的平台，电子商务已经渗透到了商业领域的各个角落。在交易模式上，基于互联网的电子商务展现出了极大的多样性，不仅包括了企业对企业（B2B）、企业对消费者（B2C）以及消费者对消费者（C2C）等多种模式，还通过创新不断衍生出新的交易形态。更值得一提的是，这一阶段的电子商务与大数据、云计算、物联网等尖端技术深度融合，从而为消费者带来了更加贴心、个性化的购物体验。比如，通过大数据分析，电商平台能够精准地推送符合消费者喜好的商品信息；云计算则提供了强大的数据处理能力，保障了交易的高效和顺畅；而物联网技术的应用，使得商品的追溯和物流信息的实时更新成为可能。此外，移动互联网的异军突起更是让电子商务如虎添翼。现在，人们只需通过智能手机或其他移动设备，就能随时随地浏览商品、下单支付，享受便捷的交易服务。这种随时随地的交易方式极大地提升了商业活动的灵活性和效率，进一步加速了商业的电子化和网络化步伐。

三、电子商务的分类

（一）按照商业活动的运作方式分类

电子商务作为现代商业的一种重要形式，根据商业活动的运作方式，可细致划分为完全电子商务和不完全电子商务两类。完全电子商务，顾名思义指的是整个交易流程——包括商流、资金流、信息流以及物流——都能在互联网环境中得以完整实现。在这种模式下，诸如软件、音乐、电影等数字化产品得以高效、迅速地完成交易。买家和卖家通过网络平台进行信息的交流与确认，资金通过在线支付系统快速流转，而产品则以电子形式直接传递给消费者。这种全程网络化的交易方式不仅显著提升了交易的效率，更在便捷性方面达到了前所未有的高度，极大地满足了现代消费者对快速、方便交易的需求。相对而言，不完全电子商务则涉及那些无法纯粹通过电子手段完成所有交易环节的商品或服务，如服装、食品等有形商品。在这类交易中，虽然商流、资金流和信息流可以在网络上高效处理，但物流环节仍需依赖传统的配送系统。这意味着，尽管买家和卖家可以通过网络平台达成交易意向并完成支付，但商品的实体传递仍需通过线下的物流服务来实现。

（二）按照使用的网络类型分类

电子商务根据其所使用的网络类型，可以明确地划分为三种主要模式：基于 Internet 的电子商务、基于 Intranet 的电子商务，以及基于 Extranet 的电子商务。

基于 Internet 的电子商务是最为广泛和普遍被大众所熟知的电子商务形式。它充分利用了 Internet 网络的全球性和开放性特点，使得商务活动不再受限于地域和时间。无论是商品的展示、交易的协商，还是资金的支付和物流的跟踪，都可以通过 Internet 网络高效、便捷地完成。这种形式的电子商务不仅为消费者提供了丰富的购物选择和便捷的购物体验，也为企业开拓了更广阔的市场空间。

基于 Intranet 的电子商务更多地被应用于企业内部。其依赖于企业内部网络进行信息的交流和流程的管理，从而有效地提高了企业内部的工作效率和协同性。通过 Intranet，企业可以更加便捷地进行文件的共享、数据的分析和业务的协同，进而提升整体运营效率和响应速度。

基于 Extranet 的电子商务，其侧重于通过企业外部网络，将企业与合作伙伴、供应商和客户紧密地联系在一起。这种网络模式打破了传统的信息壁垒，实现了信息的实时共享和协同工作。通过这种方式，企业可以更加精准地把握市场动态，优化供应链管理，加强与合作伙伴之间的战略协同，从而在激烈的市场竞争中占据有利地位。

（三）按照参与主体分类

1. B2B 模式

B2B 模式即企业对企业之间的电子商务交易模式，是电子商务领域中一种非常重要的模式。在这种模式下，企业之间通过互联网平台进行商业合作，主要涉及供应链的整合、采购、销售以及信息共享等业务流程。B2B 模式不仅能够提高企业的采购效率和销售能力，还能够降低交易成本，从而为企业创造更大的商业价值。

2. B2C 模式

B2C 模式即企业对消费者的电子商务模式，是企业直接向消费者销售产品或服务的商业模式。在这种模式下，企业通过互联网平台展示和销售自己的产品，消费者可以在网上浏览商品信息、下订单并完成支付。B2C 模式不仅为消费者提供了更加便捷、个性化的购物体验，还为企业带来了更广阔的市场和更多的商业机会。

3. C2C 模式

C2C 模式即消费者对消费者的电子商务模式，是消费者之间通过互联网平台进行商品或服务的交易。在这种模式下，消费者可以发布自己的商品或服务信息，并与其他消费者进行交易。C2C 模式为消费者提供了一个自由交易的平台，如二手商品交易平台，不仅可以让消费者之间直接进行商品交换，还能够降低交易成本，提高资源的利用效率。这种模式的灵活性和自由度非常高，因此也受到了很多消费者的喜爱。

（四）按照交易对象分类

1. 有形商品电子商务

有形商品电子商务，确实如其名，是以实体商品为核心的交易模式。这种模式覆盖了人们日常生活的方方面面，从阅读的书籍到穿着的服装，再到家中的各种电器，几乎无所不包。然而，与数字化产品不同，这些实体商品需要通过物流配送系统从卖家传递到买家。正因如此，物流配送在有形商品电子商务中扮演着至关重要的角色。从消费者下单的那一刻起，物流配送系统便开始发挥其作用。它要确保每一个订单都能被准确无误地处理，每一个商品都能被妥善包装并安排运输。在运输过程中，物流配送系统还需实时监控货物的位置和状态，以确保商品能在预定的时间内安全抵达。这一系列复杂的流程，都离不开物流的精准配送和高效管理。只有这样，消费者才能在最短的时间内收到自己心仪的商品，而商家也能因此赢得消费者的信任和市场的口碑。

2. 无形商品电子商务

无形商品电子商务作为电子商务的一个重要分支，主要涉及数字化产品的交易。这些产品（如软件、音乐、电影及咨询服务）具有独特的优势：它们可以通过网络直接传输，省去了传统物流配送的烦琐环节。这种交易模式的便捷性和高效性，为消费者带来了前所未有的购物体验。消费者可以随时随地，只需通过几次点击，就能下载或接收所需的数字化产品。这种即时性不仅极大地节省了消费者的时间和精力，还让他们能够更快速地享受到购买的产品。例如，购买一首新歌或一部新电影，无需等待实体光盘的配送，即刻就能在线欣赏。正因如此，无形商品电子商务在近年来迅速崛起，成为电子商务领域中的一股强大力量。其灵活性和即时性完美契合了现代消费者对速度和效率的追求，同时也为商家开辟了新的市场空间，提供了丰富的商业机会。

第二节　电子商务的竞争优势

电子商务的竞争优势主要体现在以下几个方面（见图 1-2）。

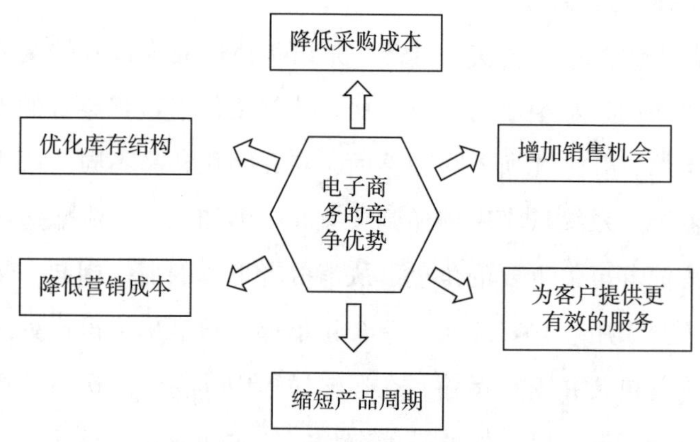

图 1-2　电子商务的竞争优势

一、降低采购成本

（一）高效供应链管理

电子商务通过高效供应链管理，实现了采购成本的显著降低。在传统的采购模式中，中间环节繁多，从生产商到消费者之间需要经过多级经销商和批发商，这不仅增加了物流成本，还导致了采购价格的上升。然而，电子商务的兴起改变了这一现状。通过电子商务平台的运用，企业能够直接与供应商建立联系，省去了多余的中间环节。这种直接采购模式不仅简化了供应链，还大幅降低了采购成本。企业不再需要支付额外的经销商和批发商费用，从而实现了采购成本的降低。此外，电子商务平台还提供了强大的供应链管理工具。通过这些工具，企业可以实时监控库存情况、订单状态以及物流信息，确保供应链的顺畅运作。这种高效供应链管理使得企业能够更精确地预测市场需求，及时调整采购计划，避免库存积压和缺货现象的发生。

（二）集中采购与竞价机制

电子商务平台为企业提供了集中采购的机会，并通过竞价机制帮助企业获取更优惠的价格，从而进一步降低采购成本。这一机制的实施，对于提高企业的采购效率和成本控制具有重要意义。在传统的采购模式中，企业往往需要与多个供应商进行分散采购，这不仅增加了采购的复杂性，还难以获得更优惠的采购价格。然而，通过电子商务平台，企业可以将采购需求集中起来，以更大的采购量吸引供应商的注意。这种集中采购的方式使得企业在与供应商谈判时具有更强的议价能力，从而获得更为优惠的采购价格。同时，电子商务平台上的竞价机制进一步强化了企业的采购优势。供应商之间为了在竞争中脱颖而出，会主动提供更优惠的价格和更优质的服务。企业可以根据供应商的报价和服务质量进行综合比较，选择最合适的供应商进行合作。这种竞价机制不仅保证了企业能够以更低的价格采购到高质量的商品和服务，还促进了供应商之间的竞争，推动了整个市场的良性发展。因此，通过集中采购与竞价机制，电子商务平台为企业提供了降低采购成本的有效途径。这种机制不仅提高了企业的采购效率，还优化了采购过程，使企业在激烈的市场竞争中保持领先地位。

二、优化库存结构

（一）实时库存监控与管理

电子商务系统通过实时库存监控与管理，为企业带来了前所未有的库存管理效率。这一系统的引入，使得企业能够精确地掌握每一时刻的库存情况，从而确保库存量始终保持在合理水平。实时库存监控意味着企业可以随时了解哪些产品库存充足，哪些产品可能需要补货。这种即时性的信息反馈机制，大大减少了库存积压的风险。过去，企业可能因为信息不对称或延迟而导致库存积压，进而造成资金占用和仓储成本的上升。而现在，有了实时库存数据，企业可以迅速作出反应，调整采购和生产计划，以保持库存的最优化。此外，实时库存管理还有助于提高企业的服务水平。当客户下单时，系统可以立即检查库存情况，并确认是否能够及时发货。这种快速响应的能力，大幅提升了客户的满意度，同时也减少了因库存不足而导致的订单取消或延迟发货的情况。

（二）数据分析与预测

在电子商务时代，数据分析与预测成为优化库存结构的关键手段。通过大数据分析技术，企业能够深入挖掘销售数据、用户行为数据等多维度信息，从而更准确地预测产品需求和销售趋势。这种预测能力对于库存管理至关重要。传统的库存管理方式往往基于历史销售数据和经验判断，但这种方式在快速变化的市场环境中可能显得力不从心。而通过大数据分析，企业可以实时跟踪市场动态，及时调整库存策略，以应对突发情况或季节性需求变化。数据分析不仅能帮助企业预测短期内的销售趋势，还能为企业的长期战略规划提供有力支持。比如，通过对消费者购买行为的分析，企业可以发现新的市场机会或潜在风险，进而调整产品线或市场策略。此外，数据分析还能帮助企业优化库存配置。通过对不同地区、不同渠道的销售数据进行对比分析，企业可以更合理地分配库存资源，确保产品能够在最短时间内到达消费者手中。

三、缩短产品周期

（一）快速市场反馈机制

电子商务的快速市场反馈机制为企业带来了前所未有的市场敏感度。在传统的商业模式中，企业需要花费大量时间和精力去收集和分析市场反馈，而在电子商务环境下，这一过程变得高效且迅速。电子商务通过在线平台，如官方网站、社交媒体和在线评价系统，能够快速收集到消费者的直接反馈。消费者在购买产品后，可以方便地在这些平台上发表评价、提出建议或反馈问题。这种即时的互动不仅提高了消费者的参与度，也让企业能够在第一时间了解到产品的市场表现和消费者的真实需求。企业根据这些宝贵的市场反馈，可以迅速调整产品设计和生产策略。例如，如果发现某一功能或设计元素受到消费者的广泛好评，企业可以在后续产品中加强这一特点；反之，如果某一功能或设计元素存在不足，企业也能及时改进，避免问题进一步扩大。这种快速的市场反馈机制，显著缩短了产品研发周期。企业不再需要长时间的市场调研和试错过程，就能更准确地把握市场动态和消费者需求，从而加速产品的迭代和优化。这不仅提升了企业的市场竞争力，也让消费者能够更快地享受到更优质、更符合需求的产品。

（二）灵活的生产调整

电子商务通过与供应商的紧密合作，实现了灵活的生产调整，从而能够快速响应市场变化，有效减少产品上市时间。这一优势主要得益于电子商务所带来的信息透明化和实时数据共享。在传统的生产模式中，企业与供应商之间的沟通往往存在时间和空间上的障碍，导致生产调整不够灵活，难以迅速适应市场变化。然而，在电子商务环境下，企业与供应商之间可以通过网络平台实现实时沟通和数据共享，这使得生产调整变得更加迅速和精准。当市场需求发生变化时，企业可以立即通过电子商务平台将最新的市场需求数据共享给供应商。供应商根据这些数据，可以及时调整生产计划、物料采购和产品配送等环节，以确保生产活动紧密围绕市场需求进行。这种灵活的生产调整不仅降低了生产过剩或不足的风险，还大大提高了产品的上市速度。此外，通过电子商务平台，企业还可以对生产进度进行实时监控和管理。这种透明化的生产方式有助于企业及时发现生产过程中存在的问题，并迅速与供应商协同解决。这种高效的协作模式进一步提升了生产调整的灵活性和市场响应速度。

四、降低营销成本

（一）精准营销策略

电子商务利用大数据和人工智能技术，实现了精准营销的新高度，这不仅提高了营销效果，还有效地降低了营销的无效投入。在传统的营销模式中，企业往往需要投入大量资金进行广泛的广告宣传，但这种方式的效果往往难以衡量，且存在大量的浪费。然而，在电子商务时代，这一切都得到了改变。大数据技术的运用，使得企业能够对消费者的购买行为、浏览习惯、兴趣爱好等进行深入分析。通过这些数据，企业可以精确地了解到消费者的需求和偏好，从而制定出更加精准的营销策略。这种策略不再是盲目的广泛投放，而是有针对性的精准推送，大大提高了营销的效率和效果。同时，人工智能技术也在精准营销中发挥了重要作用。通过机器学习等算法，企业可以预测消费者的购买意向和行为模式，从而进行更个性化的营销。这种个性化的营销方式，不仅提高了消费者的满意度和忠诚度，还进一步降低了营销的无效投入。因此，精准营销策略是电子商务降低营销成本的重要手段，通过大数据和人工智能技术的结合运用，企业可以更加精确地了解市场和消费者，制定出更加有效的营销策略，从而降低营销成本，提高市场竞争力。

（二）线上推广渠道

电子商务通过社交媒体、搜索引擎等线上渠道进行产品推广，显著降低了传统营销成本，同时有效提高了品牌的曝光度。这些线上渠道具有覆盖广、传播快、互动性强等特点，使得营销活动能够更加高效地触达目标受众。在社交媒体平台上，企业可以通过创建官方账号、发布有趣且有价值的内容来吸引和互动粉丝，进而扩大品牌影响力和知名度。与传统的广告宣传相比，社交媒体营销更具成本效益，因为它可以使企业以较低的成本直接与目标受众进行沟通。搜索引擎优化（SEO）和搜索引擎营销（SEM）也是线上推广的重要渠道。通过优化网站结构和内容，提高网站在搜索引擎中的排名，企业可以增加品牌曝光的机会，吸引更多的潜在客户。此外，通过在搜索引擎上投放广告，企业可以精确地定位目标受众，提高营销的针对性和效果。线上推广渠道不仅降低了营销成本，还为企业提供了更多创新和个性化的营销方式。例如，企业可以利用社交媒体平台上的用户数据进行精准营销，或者通过搜索引擎广告来推广特定的产品或服务。这些方式都有助于企业在激烈的市场竞争中脱颖而出，实现品牌价值的最大化。

五、增加销售机会

（一）全球市场拓展

电子商务的崛起，无疑为企业打开了一扇通往全球市场的大门。在传统的商业模式下，企业往往受限于地域和物流成本，难以将产品销往更广阔的市场。然而，随着电子商务技术的不断发展，这些限制正在被逐渐打破。借助电子商务平台，企业能够轻松地触达全球各地的消费者。无论是欧洲的小镇，还是亚洲的大都市，甚至是偏远的非洲村落，只要有互联网连接，就能成为企业潜在的销售市场。这种跨地域的销售能力，极大地拓展了企业的销售半径，增加了销售机会。此外，电子商务还为企业提供了多样化的支付方式，使得国际交易变得更加便捷和安全。消费者可以选择自己熟悉的支付方式进行购买，这无疑提高了购买意愿和购买率。同时，电子商务平台上的多语言支持，也消除了语言障碍，让企业在全球范围内进行无障碍的销售。

（二）个性化推荐与促销

电子商务平台为企业提供了一种全新的销售方式——根据消费者需求进行个性化推荐和促销活动，从而有效提高销售额。这一变革性的销售模式正逐渐成为现代营销的核心策略。通过电子商务平台，企业可以收集并分析消费者的购物习惯、兴趣爱好和支付能力等多维度数据。基于这些数据，企业能够精准地洞察消费者的个性化需求，进而为他们推荐最合适的产品或服务。这种个性化推荐不仅提升了消费者的购物体验，还大大提高了企业的销售转化率。同时，电子商务平台也为企业提供了丰富的促销工具。企业可以根据市场趋势和消费者需求，灵活制定各种促销活动，如限时折扣、满额赠品等。这些活动能够有效刺激消费者的购买欲望，提高销售额。更重要的是，通过电子商务平台的实时数据分析功能，企业可以及时调整促销策略，确保活动效果最大化。

六、为客户提供更有效的服务

（一）即时客户服务

电子商务的即时客户服务功能，已经成为现代商业服务中不可或缺的一部分，这一功能通过在线聊天工具、电话、电子邮件等多种方式，为客户提供了一个能够即时获取帮助和解答问题的渠道。在电子商务平台上，即时客户服务的重要性不言而喻。当客户在购物过程中遇到疑问或困难时，能够迅速得到专业的解答和帮助，无疑会大幅提升他们的购物体验。这种即时的互动和反馈机制，不仅有助于消除客户的疑虑，还能够增强客户对平台的信任和依赖。此外，即时客户服务还能够有效地减少客户的等待时间和处理问题的成本。在传统的商业模式中，客户可能需要等待数天甚至数周才能得到问题的答复。而在电子商务环境下，客户的问题往往能够在几分钟甚至几秒钟内得到解答。这种高效的服务模式，不仅提高了客户的满意度，也为企业赢得了更多的忠诚客户。因此，即时客户服务是电子商务为客户提供更有效服务的重要手段之一。通过快速、准确地解答客户问题，电子商务平台不仅能够满足客户的需求，还能够在激烈的市场竞争中脱颖而出，赢得更多的市场份额。

（二）定制化服务方案

电子商务的灵活性使得根据客户需求提供定制化服务方案成为可能。服务模式充分尊重并满足了客户的个性化需求，从而为客户提供了更加精准、高效的服务体验。在电子商务平台上，客户可以根据自己的需求和偏好，选择不同的产品组合、配送方式以及售后服务等。而电子商务平台则可以根据这些需求，为客户提供定制化的服务方案。例如，对于需要快速配送的客户，平台可以提供加急配送服务；对于对产品质量有特别要求的客户，平台可以提供更加严格的质检和品控服务。定制化服务方案的优势是能够最大限度地满足客户的个性化需求，提升客户的满意度和忠诚度。同时，这种服务模式也有助于电子商务平台更好地理解和把握客户的需求，从而制定出更加精准的市场策略和产品策略。为了实现定制化服务，电子商务平台需要具备强大的数据分析和处理能力。通过对客户数据的深入挖掘和分析，平台可以更加准确地了解客户的需求和偏好，进而制定出更加符合客户期望的服务方案。同时，平台也需要建立起完善的客户服务体系，确保每一个客户都能够得到及时、专业的服务。

第三节　电子商务与企业管理变革

一、电子商务与传统企业的关系

（一）电子商务对传统企业的影响

1. 市场拓展与竞争格局变化

电子商务的兴起为传统企业带来了前所未有的市场拓展机会，借助网络平台，这些企业能够轻松触及更广泛的受众，不再受限于传统的实体店面和地域边界。这种变化使得中小企业也能与大企业站在同一起跑线上，通过网络展示和销售自己的产品，从而吸引更多潜在客户。然而，电子商务的普及也加剧了市场竞争。越来越多的企业涌入这一领域，使得市场环境变得更为复杂和多变。为了保持竞争力，传统企业必须不断创新和调整市场战略，以适应这种新的市场环境。这包括优化产品、提升服务质量、加强品牌营销等多个方面。只有这样，传统企业才能在激烈的市场竞争中脱颖而出，实现可持续发展。

2. 营销方式的革新

过去，企业可能更多地依赖于传统的广告方式，如报纸、电视或户外广告。然而，在电子商务时代，这些方式显得力不从心。电子商务为传统企业提供了全新的营销手段，尤其是社交媒体营销和搜索引擎优化（SEO）。通过这些新型营销方式，企业能够以更低的成本、更精准的定位，将产品和服务推送给目标客户。更重要的是，这些营销方式的效果可以通过数据分析工具进行精确衡量，从而帮助企业更好地优化营销策略，提高投资回报率。社交媒体营销利用社交平台的力量，通过分享有价值的内容，增强与消费者的互动，从而提高品牌知名度和用户黏性。而SEO则通过优化网站结构和内容，提高网站在搜索引擎中的排名，从而吸引更多的潜在客户。

3. 供应链管理的优化

过去，供应链管理往往依赖于烦琐的手工操作和纸质记录，效率低下且容易出错。然而，借助电子商务技术，企业可以实现供应链管理的数字化和智能化，极大地提高了采购、生产和销售等环节的效率。通过采用先进的供应链管理系统，企业能够实时监控库存情况，预测市场需求，从而做出更明智的采购和生产决策。这不仅有助于降低库存成本，减少资源浪费，还能提高企业的市场响应速度和客户满意度。此外，智能化的供应链管理还能帮助企业优化物流配送路线，降低运输成本，提高整体运营效率。这些优势使得越来越多的传统企业开始重视并采纳电子商务技术来优化其供应链管理。随着技术的不断进步和应用范围的扩大，电子商务在供应链管理中的作用将更加凸显，为企业创造更大的价值。

（二）传统企业对电子商务的适应与融合

1. 线上线下融合发展

随着电子商务的蓬勃发展，传统企业逐渐认识到线上线下融合的重要性。这种融合模式不仅有助于提升客户体验，还能显著增加销售额。通过线下实体店与线上商城的紧密结合，传统企业能够为客户提供更多选择和便利。顾客可以在实体店体验产品，同时享受线上购物的便捷与优惠。此外，线上商城还能为顾客提供丰富的产品信息和用户评价，帮助他们做出更明智的购买决策。为了实现线上线下融合发展，传统企业需要加强物流配送体系的建设，确保顾客能够快速、安全地收到购买的商品。同时，企业还需要通过数据分析，精准把握消费者需求，从而优化产品组合和营销策略。这种融合模式将使传统企业更好地适应电子商务时代的发展趋势，并在激烈的市场竞争中脱颖而出。

2. 数字化转型与升级

面对电子商务的冲击，传统企业必须积极进行数字化转型与升级，以提高运营效率和市场竞争力。数字化转型涉及多个方面，包括建立数字化管理系统、提升数据分析能力和优化业务流程等。建立数字化管理系统能够使企业实现信息的高效流通和共享，从而提高决策效率和准确性。通过采用先进的ERP、CRM等系统，企业可以实时掌握各项运营数据，为决策提供有力支持。提升数据分析能力也是数字化转型的关键一环。通过对海量数据的深入挖掘和分析，企业可以更准确地把握市场动态和消费者需求，从而制定出更具针对性的营销策略和产品方案。此外，优化业务流程也是提高运营效率的重要手段。通过优化流程、减少不必要的环节，企业可以降低成本、提高效率，从而更好地满足客户需求。

（三）电子商务与传统企业的协同发展

1. 资源共享与优势互补

电子商务与传统企业在资源共享与优势互补的基础上，能够实现协同发展，共同促进产业进步。传统企业通常拥有深厚的实体资源和品牌信誉，这是其长期积累的优势。而电子商务平台则具备广泛的用户基础、强大的流量吸引能力以及灵活的营销手段。当这两者结合时，便能产生强大的协同效应。例如，传统企业可以通过电子商务平台，利用其流量优势来扩大品牌的曝光度，迅速拓展销售渠道。电子商务平台广泛的覆盖面和高效的信息传播能力，使得传统企业的产品能够迅速触达更多潜在客户，从而增加销售机会。同时，电子商务平台也能借助传统企业的实体资源和品牌信誉，提升自身的用户信任度和购物体验。传统企业的实体店面和产品质量保证为电子商务平台提供了有力的信誉背书。这种信誉的传递，能够增强消费者对电子商务平台的信任感，进而提升其购物体验和忠诚度。通过资源共享与优势互补，电子商务与传统企业可以共同打造一个更加完善、高效的商业生态，实现双方的共同发展。

2. 创新业务模式与合作机会

随着电子商务技术的不断进步和市场的日益成熟，越来越多的创新业务模式应运而生，如O2O（线上到线下）模式、新零售等。这些新模式打破了传统商业模式的束缚，为传统企业和电子商务提供了前所未有的合作机会。O2O模式将线上的便利性与线下的实体体验相结合，让消费者在享受线上购物的便捷性的同时，也能获得线下的实际体验。这种模式为传统企业提供了新的销售渠道，同时也为电子商务平台带来了更多接触消费者的机会。新零售则更加注重消费者体验和数据驱动，通过技术手段对商品的生产、流通与销售过程进行升级改造，进而重塑业态结构与生态圈。这种新模式使得传统企业和电子商务平台能够更紧密地合作，共同探索市场发展的新路径。在这些新模式的推动下，传统企业和电子商务平台可以通过深度合作，实现互利共赢。双方可以共同研发新产品、开拓新市场、提升服务质量，从而推动整个产业的升级和发展。

二、电子商务引发企业管理的变革

（一）电子商务改变企业内部结构

1. 电子商务改变了企业传统的组织边界

电子商务的兴起，无疑是一场商业领域的革命。这场革命深刻地改变了企业的组织形态和运营方式，使得原本清晰的组织边界逐渐模糊，不再受到物理空间的限制。借助先进的网络平台，企业能够轻松地与其他企业、供应商以及客户进行实时连接和高效交互。这种连接不仅仅是信息层面的，更涉及业务流程、资源配置等多个方面。在这样的背景下，企业的组织形式开始变得更加开放和灵活。传统的组织结构往往受限于地域和物理空间，而电子商务则打破了这些束缚，让企业能够在更广阔的范围内寻找合作伙伴、拓展业务渠道。这种变化不仅提高了企业的市场触达能力，还为其带来了更多的商业机会和发展空间。面对这种变革，企业不得不重新审视和调整自身的组织结构和运营模式。过去那种刻板、固定的组织架构已经难以适应快速变化的市场环境。企业需要构建更加灵活、响应迅速的组织体系，以便更好地捕捉市场动态、满足客户需求。

2. 电子商务使得企业的组织结构从“金字塔形”向“扁平形”转变

在传统的“金字塔形”组织结构中，权力和信息的流动往往是单向的，且高度集中在组织的顶层。这种结构在过去可能有一定的效率，但随着商业环境的快速变化，其局限性也日益凸显。电子商务的普及则成为推动企业组织结构变革的重要力量。随着电子商务技术的广泛应用，信息在企业内部的传播变得更加迅速和广泛。这不仅包括业务数据、市场动态，还包括客户反馈、供应链信息等。这些信息不再仅仅掌握在少数高层管理者手中，而是能够在整个组织内部实现更加透明的共享。这种信息的透明化和共享化，使得每个层级的员工都能更加全面地了解企业的运营状况和市场环境，从而做出更加明智的决策。此外，电子商务还推动了决策权的分散。在“金字塔形”结构中，决策权主要集中在顶层，这往往导致决策过程繁琐且响应速度慢。而在电子商务时代，企业需要更快地响应市场变化，这就要求决策权必须更加分散，以便更贴近市场和客户需求的团队能够迅速做出决策。这种分散的决策权不仅提高了企业的反应速度，还增强了其灵活性，使企业能够更快地适应不断变化的市场环境。信息的透明共享和决策权的分散使得企业的组织架构从“金字塔形”逐渐向“扁平形”转变。

3. 电子商务使得企业由集权制向分权制转变

随着电子商务的迅猛发展，企业运营所面临的市场环境发生了翻天覆地的变化，为了在这样的环境中立足，企业必须能够灵活且迅速地做出决策，紧密跟随甚至引领市场的脉动。这一需求推动了企业内部权力结构的调整，其中最显著的趋势便是分权制的广泛采用。分权制，即将决策权从中央集权下放到更接近市场和客户的部门和团队。这种管理模式的转变意味着，那些直接与客户打交道、最先感知市场变化的员工和部门被赋予了更大的自主权和决策权。他们可以根据一线市场的实时反馈，快速调整策略，而无需等待上层的漫长审批和决策过程。这种转变不仅提高了决策的效率，更重要的是，还激发了企业内部的创新活力。当员工和部门被赋予更多的自主权和责任感时，他们更有可能提出新颖的想法和解决方案，以应对市场的挑战。这种自下而上的创新机制，与传统的顶层设计和指挥模式形成了鲜明对比。此外，分权制还有助于提升企业的市场竞争力。在快速变化的市场中，能够迅速做出反应并调整策略的企业，往往能够抓住稍纵即逝的商机。通过下放决策权，企业可以更加敏捷地应对市场变化，从而在竞争中占据有利地位。

4. 电子商务促使虚拟企业的产生

虚拟企业，这一基于网络平台的新型组织形式，正逐渐成为商业领域的新趋势，其通过高效地整合不同企业的资源和能力，形成了一种强大的联合体，共同面对市场的挑战和机遇。电子商务技术的飞速发展和普及为虚拟企业的构建提供了坚实的技术支持和广阔的平台。在虚拟企业的框架下，企业可以根据市场需求和项目特点，灵活地组建和解散团队。这种灵活性使得企业能够迅速调整战略方向，优化资源配置，以应对不断变化的市场环境。无论是短期的项目合作，还是长期的战略联盟，虚拟企业都能提供一种高效且灵活的合作模式。虚拟企业的出现，无疑打破了传统企业的组织边界。虚拟企业不再受限于地域、行业和企业的实体形态，而是通过网络平台，将不同企业、不同地区的资源进行有机整合。这种整合不仅提高了资源的利用效率，还为企业带来了更多的合作和发展机会。

（二）电子商务改变企业资源管理的内涵

在过去，企业主要关注人力、物力和财力的有效分配与调控，以确保运营顺畅。但随着电子商务的快速发展和融入，信息已逐渐成为企业资源管理的核心要素。信息的价值在电子商务时代被放大。特别是数据的收集、分析和利用能力，这些直接关系到企业对市场的洞察力和竞争优势的形成。数据不仅揭示了消费者的购买行为和偏好，还为企业提供了市场趋势等重要决策依据。此外，电子商务的普及也推动了供应链和客户关系管理的数字化进程。企业现在可以更高效地追踪物流、库存和销售数据，从而优化供应链管理，减少浪费，并提高响应速度。同时，通过数字化手段管理客户关系，企业可以更加精准地满足客户需求，提升客户满意度和忠诚度。随着数据资产的重要性日益凸显，企业不仅要管理好传统的实体资源，更要重视数据资产的积累与有效运用。数据已经成为企业决策、产品创新和市场拓展的关键因素，通过精细化管理和基于数据的市场预测，企业可以在竞争激烈的市场环境中脱颖而出，实现持续增长。

（三）电子商务改变企业竞争方式

传统的地域性竞争界限逐渐模糊，取而代之的是全球性的网络竞争新格局，企业不再局限于某一地区或国家，而是可以在全球范围内寻找商机、拓展市场。在这一变革中，企业市场推广的策略也发生了翻天覆地的变化。过去，企业主要依赖实体店面和传统媒体（如电视、广播、报纸等）进行品牌宣传和产品推广。然而，在电子商务时代，互联网平台成为企业营销的新战场。通过搜索引擎优化技术，企业可以提高产品在搜索结果中的排名，从而吸引更多潜在客户。同时，社交媒体营销也异军突起，成为企业与消费者互动、提升品牌知名度的重要渠道。此外，电子商务的普及还加剧了市场竞争中的价格透明化现象，消费者可以轻松比较不同产品的价格和性能。这使得企业难以单纯依靠价格优势来赢得市场。因此，企业必须在产品质量、服务体验和品牌价值上寻求差异化竞争，以打造独特的市场定位。面对这种新型的竞争方式，企业必须不断创新，积极探索新的营销策略和手段。同时，提升网络运营能力也显得尤为重要，不仅包括技术层面的优化，更涉及对市场趋势的敏锐洞察和对消费者需求的深刻理解。

（四）电子商务改变企业竞争基础

电子商务的蓬勃发展深刻地改变了企业的竞争基础，使得传统的商业竞争模式逐渐让位于以信息和技术为核心的新型竞争方式。在过去，企业间的竞争往往围绕着产品特性、价格优势、销售渠道以及促销策略等营销组合展开。然而，随着电子商务的崛起，这些传统的竞争要素虽然依旧重要，但信息和技术已逐渐成为决定胜负的关键要素之一。在电子商务环境下，数据的获取和分析能力显得尤为重要。企业能够通过对海量数据的深入挖掘和分析，更准确地洞察市场趋势和消费者行为，从而制定出更为精准的营销策略。这种基于数据的决策方式，不仅提高了市场的响应速度，还能有效减少了不必要的资源浪费，使企业在激烈的市场竞争中占得先机。此外，电子商务还推动了个性化定制和柔性生产的兴起。随着消费者需求的日益多样化，企业必须具备快速调整产品策略的能力，以满足不同消费者的个性化需求。这不仅要求企业拥有高效的供应链管理，更需要有强大的技术支撑和创新思维。

（五）电子商务改变企业竞争形象

在互联网蓬勃发展的时代背景下，企业的品牌形象构建和传播方式已经不再是过去那样单一地依赖传统媒体（如电视、广播）或实体店面。相反，网络平台成为品牌形象塑造和传播的新阵地，其影响力甚至超越了传统媒体。现在，企业的官方网站、各类社交媒体账号等，都成为向外界展示企业文化、产品独特之处以及服务品质的关键渠道。这些平台不仅仅是信息发布的地方，更是企业与消费者互动、建立情感连接的重要桥梁。通过这些平台，企业可以实时地传递自己的价值观、产品信息和最新动态，与消费者建立更为紧密的联系。同时，消费者的在线评价和反馈也变得尤为重要。在网络时代，消费者的声音可以迅速传播，一条好评或差评都可能对企业的口碑产生巨大的影响。因此，消费者的在线评价实际上成为塑造企业网络形象的关键因素之一。

第四节　电子商务管理的内容

一、电子商务战略管理

（一）确定电子商务的发展战略和目标

确定电子商务的发展战略和目标是电子商务战略管理的核心起点，这一步骤的关键性不言而喻，因为它为企业的整个电子商务之路定下了基调。为了确立电子商务的发展战略和目标，企业必须进行深入的内外部环境分析。这意味着，不仅要审视企业内部的资源、能力和潜在短板，还要密切关注外部环境的变化，如市场需求的波动、新技术的涌现以及竞争对手的动态。①理解行业趋势是至关重要的。电子商务领域日新月异，新的商业模式和技术不断涌现。企业需要敏锐捕捉这些趋势，判断哪些将对企业产生深远影响，哪些可能是昙花一现。这种前瞻性的思考有助于企业在制定发展战略时更加精准和有预见性。②评估企业自身的资源和能力同样重要。企业自身的资源包括技术实力、人才储备、品牌影响力等多个方面。只有充分了解自己，企业才能找到最适合自己的发展路径，避免盲目跟风或超越自身能力的冒险行为。制定发展战略时，必须综合考虑市场需求、竞争格局、技术进步以及政策法规等多方面因素。这些因素相互交织，共同影响着企业的战略选择。例如，市场需求的变化可能要求企业调整产品线或服务模式；技术进步则可能为企业带来新的发展机遇；而政策法规的变动则可能对企业的经营环境产生重大影响。③目标设定是战略管理中的另一关键环节。目标不仅要有挑战性，激励企业不断前进，还要切实可行，确保企业能够在可预见的未来内实现。只有这样的目标才能够为企业提供清晰的方向感，指导企业在电子商务领域的每一步行动。

（二）制定市场定位和产品策略

简而言之，市场定位就是企业在繁杂的市场环境中为自己划定的“领地”，这块“领地”既体现了企业与竞争对手的不同，也反映了企业对目标客户群体的精准选择。这一选择不是随意的，而是基于深入的市场调研和细致的数据分析进行的选择。为了找到自己在电子商务市场中的独特位置，企业必须深入了解市场的每一个角落，探寻消费者的真实需求和偏好。这种了解不仅仅停留在表面，更需要挖掘出消费者内心深处的期望和痛点。只有这样，企业才能准确地找到那个让自己与众不同的卖点，也就是那个能让消费者在众多选择中一眼就看到自己的闪光点。有了明确的市场定位后，产品策略的制定就显得水到渠成了。这时，企业不仅要考虑产品的外观设计、功能实现，还要深入思考如何为产品制定合理的价格，使其既能吸引消费者，又能保证企业的利润空间。同时，产品的推广方式和销售渠道也是产品策略中不可或缺的一部分。在这个多渠道、多平台的电子商务时代，选择哪些平台进行合作、如何通过社交媒体进行推广、是否需要开展线下活动等问题，都是企业在制定产品策略时需要认真考虑的。

（三）规划和实施电子商务项目

规划和实施电子商务项目在电子商务战略管理体系中占据着举足轻重的地位，是连接企业战略与实际行动的桥梁，是将宏伟蓝图转化为现实成果的关键环节。在规划阶段，企业必须根据先前确立的发展战略和目标，结合市场定位和产品策略，为电子商务项目描绘出一条清晰可行的实施路径。这不仅仅是一张时间表或一份预算计划，更是一份对未来挑战的预见与应对策略。项目的可行性研究是这一阶段的重头戏，它要求企业全面评估自身的资源、技术能力以及市场环境，确保项目不仅理论上可行，更能在实际操作中稳步推进。成本效益分析是规划过程中另一不可或缺的环节。企业需要精打细算，确保每一分投入都能带来最大的回报。这不仅关乎项目的盈利能力，更直接影响到企业的长远发展和市场竞争力。同时，风险评估与防范也绝不容忽视。电子商务项目在推进过程中，难免会遭遇各种预料之外的情况，从技术故障到市场变动，从供应链问题到法律法规的调整，每一个环节都可能潜藏着风险。因此，企业必须在规划阶段就对这些潜在风险有充分的认识，并制定出相应的防范措施。

二、电子商务平台与技术管理

（一）选择和建立适合的电子商务平台

在电子商务领域，选择和建立一个适合的电子商务平台是企业开展线上业务的首要任务。这一步骤的重要性不言而喻，因为它不仅直接关系到企业后续运营的效率、成本和用户体验，更在很大程度上决定了企业在激烈的市场竞争中能否脱颖而出。在选择平台时，企业必须进行全面而深入的市场调研，充分了解各种电子商务平台的优势和劣势。易用性是一个不可忽视的因素，一个直观、用户友好的界面能够大幅提升用户体验，从而增加用户的黏性和转化率。同时，平台的可扩展性也至关重要，随着企业业务的不断发展和市场需求的不断变化，一个能够灵活扩展的平台将为企业节省大量的时间和成本。除此之外，成本效益也是企业在选择电子商务平台时必须考虑的关键因素。不同类型的电子商务平台，如 B2B、B2C 或 C2C，各有其特点和适用场景。企业应根据自身的业务模式和目标市场，选择那些既能够满足当前业务需求，又具有成本效益的平台。平台的定制化程度同样不容忽视。一个高度定制化的平台能够让企业根据自身需求灵活调整平台功能和界面设计，从而更好地满足用户的个性化需求，提升用户体验。

（二）管理电子商务技术基础设施

管理电子商务技术基础设施是保障电子商务平台持续、稳定、高效运行的核心任务。这一环节涉及众多复杂而精细的工作，其中，服务器和网络的维护、数据备份与恢复、软件更新等尤为关键。服务器和网络的稳定性，直接关系到用户访问电子商务平台的速度和交易处理的效率。在数字化时代，用户对于网页加载速度和交易响应时间的要求愈发严格，任何轻微的延迟都可能导致用户流失。因此，企业必须高度重视服务器和网络的维护工作，定期进行检查、优化和升级，确保其性能始终保持在最佳状态，以满足日益增长的业务需求。同时，数据的安全性也是重中之重。为了防止因硬件故障、人为错误或恶意攻击导致的数据丢失或损坏，企业必须实施定期的数据备份策略。这不仅是对用户负责，也是企业自身业务连续性的有力保障。通过数据备份，即使在遭遇突发情况时，企业也能迅速恢复数据，确保业务的正常运转。此外，随着电子商务技术的飞速发展，软件更新也变得越来越频繁。企业需要及时跟进这些更新，以修复可能存在的安全漏洞、增强软件功能和提高系统性能。这不仅能提升用户体验，还能有效防范潜在的安全风险。

（三）确保平台的安全性和稳定性

在电子商务运营过程中，平台的安全性和稳定性无疑是企业需要重点关注的两大核心要素。安全性问题不仅牵涉到用户个人信息的保密、支付交易的安全，更直接关系到企业的商业信誉与法律风险。一旦安全防线被突破，可能导致用户数据的泄露，进而引发信任危机，甚至使企业面临法律追究。为了确保平台的安全性，企业必须实施一系列严密的安全措施。例如，利用SSL证书对数据传输进行加密，这样即使在公共网络上传输，用户数据也能得到保护。同时，定期的安全漏洞检测和及时修复也是必不可少的，这能有效预防黑客利用漏洞进行攻击。此外，实施强密码策略，强制用户设置复杂且不易被破解的密码，进一步提升账户的安全性。稳定性方面，一个稳定、可靠的电子商务平台是用户持续使用的关键。频繁的故障或缓慢的响应速度会严重影响用户体验，甚至导致用户流失。因此，企业必须借助先进的技术手段，如负载均衡和容灾备份，来确保平台的高可用性。负载均衡能够合理分配服务器资源，避免单点故障；容灾备份则能在主服务器出现问题时，迅速切换到备份服务器，保证服务的连续性。

三、电子商务运营管理

（一）商品上架与下架管理

商品上架与下架管理是电子商务运营中的关键环节，其直接关系到电子商务平台商品信息的准确性和时效性。商品上架时，运营人员需要对商品信息进行严格的审核，确保商品描述准确、图片清晰，并遵循相关法律法规和行业规范。同时，商品的分类和标签设置也需精细操作，以便用户能够轻松找到所需商品，提升购物体验。下架管理同样重要，对于过季、断货或存在质量问题的商品，应及时下架，避免给用户带来误导或不便。下架商品时，应做好记录，并分析下架原因，以便后续改进和优化商品策略。此外，对于下架商品的替代或更新产品，也需做好规划和准备，确保平台商品结构的连续性和完整性。在商品上架与下架管理中，数据分析和市场调研也是不可或缺的环节。通过对销售数据、用户反馈等信息的分析，运营人员可以更好地了解市场需求和用户偏好，从而调整商品策略，提升平台的竞争力和用户满意度。

（二）订单处理和物流配送管理

订单处理和物流配送管理是电子商务运营中的核心流程，直接影响到客户满意度和企业的运营效率。在订单处理环节，快速、准确地处理客户订单是至关重要的，包括确认订单信息、安排支付和发货、跟踪订单状态以及与客户的及时沟通。任何延误或错误都可能导致客户不满和投诉。物流配送管理同样重要，涉及产品的运输、配送和交付。选择可靠的物流合作伙伴、优化配送路线、提高配送效率，都是提升客户体验的关键。此外，对物流配送过程中的异常情况，如延误、损坏或丢失等，也需要有完善的处理机制和补偿措施。为了提高订单处理和物流配送的效率，企业需要借助先进的技术手段，如自动化订单处理系统、智能物流管理系统等。同时，定期对流程进行审查和优化，确保整个订单处理和物流配送过程的顺畅和高效。

（三）库存管理和供应链协调

库存管理和供应链协调是电子商务运营中不可或缺的组成部分，对于确保产品供应、减少缺货现象、提高客户满意度具有重要意义。库存管理涉及产品的入库、存储、出库等多个环节。有效的库存管理能够避免库存积压和缺货现象，从而降低成本、提高资金周转率。为了实现这一目标，企业需要建立完善的库存管理系统，实时监控库存状态，并根据销售数据和市场需求预测进行库存调整。供应链协调则是确保产品从供应商到最终消费者的整个流程顺畅进行的关键，包括与供应商的沟通、采购计划的制定、物流运输的安排等多个方面。通过加强供应链各方的协作与信息共享，可以提高供应链的响应速度和灵活性，从而更好地应对市场变化和客户需求。

四、电子商务市场营销管理

（一）网络推广和营销策略制定

在电子商务市场营销管理中，网络推广和营销策略的制定是至关重要的：网络推广能够扩大品牌知名度，吸引更多潜在客户；有效的营销策略能提升销售额和客户满意度。网络推广需要运用多元化的手段，如搜索引擎优化（SEO）、社交媒体营销、电子邮件营销等，以增加网站的曝光率和访问量。通过这些推广手段，企业可以将产品信息和服务快速传递给目标客户，提高品牌的市场占有率。营销策略的制定应结合企业实际情况和市场环境，明确目标客户群，制定具有针对性的营销方案。例如，通过打折促销、满减活动等吸引消费者购买。同时，利用大数据分析用户行为，精准推送个性化广告，提高转化率。

（二）客户关系管理与维护

客户关系管理与维护是电子商务市场营销管理的核心环节。建立良好的客户关系能提升客户满意度和忠诚度，进而促进销售业绩的增长。为了实现这一目标，企业应建立完善的客户信息管理系统，全面记录客户的购买历史、偏好等信息。通过对这些数据的深入分析，企业可以更精准地推送个性化的产品和服务。同时，提供优质的售后服务也是维护客户关系的关键。及时解决客户的问题和投诉，不仅能提升客户满意度，还能为企业树立良好的口碑。

此外，通过定期的客户调查和反馈收集，企业可以不断优化产品和服务，满足客户不断变化的需求。

（三）市场数据分析和销售预测

在电子商务市场营销管理中，市场数据分析和销售预测发挥着至关重要的作用，通过对市场数据的深入分析，企业可以更好地了解消费者需求、市场趋势和竞争对手的动态。市场数据分析不仅能帮助企业制定更有效的营销策略，还能优化产品定价、推广渠道和促销方式。例如，通过对用户购买数据的分析，企业可以确定最受欢迎的产品类型和价格区间，从而调整产品策略以满足市场需求。销售预测则基于历史销售数据和市场趋势分析，有助于企业制定合理的生产计划和库存策略。通过准确预测未来销售情况，企业可以优化资源配置，减少库存积压和浪费。

五、电子商务财务管理

（一）预算制定和成本控制

在电子商务财务管理中，预算制定和成本控制是确保企业稳健运营的关键环节。预算制定涉及对未来一段时间内收入和支出的规划，帮助企业合理分配资源，预测经营成果，并为决策提供数据支持。在制定预算时，企业应全面考虑市场环境、历史数据、销售目标等因素，确保预算的合理性和可行性。成本控制是通过对各项费用的精细管理，降低不必要的开支，提高盈利能力，包括采购成本控制、运营成本控制、物流成本控制等。例如，通过优化采购渠道、降低库存成本、提高物流效率等方式，企业可以有效控制成本，从而提升整体盈利能力。为了实现有效的预算制定和成本控制，企业需要建立完善的管理制度和监督机制，确保各项费用在预算范围内，并及时调整预算以适应市场变化。

（二）收入与支出管理

收入与支出管理是电子商务财务管理的核心内容。收入管理主要关注销售收入的确认、核算和预测，确保收入的准确性和及时性，包括订单收入的确认、退款和折扣的处理等。通过有效的收入管理，企业可以及时了解销售情况，为决策提供有力支持。支出管理则涉及各项费用的支付、核算和控制。企业需要对各项支出进行严格审核，确保支出的合理性和合规性。同时，通过建立完善的支出管理制度，企业可以降低不必要的开支，提高资金利用效率。在收入与支出管理中，企业需要注重数据的分析和比对，及时发现异常情况并采取相应措施，确保财务管理的准确性和有效性。

（三）财务分析与报告

财务分析与报告是电子商务财务管理的重要环节。通过对财务数据的深入分析，企业可以了解自身的财务状况、经营成果和现金流量等情况，为决策提供有力支持。财务分析主要包括盈利能力分析、偿债能力分析、运营效率分析等。通过财务分析，企业可以及时发现经营中存在的问题和风险，并采取相应的改进措施。同时，财务分析还可以帮助企业预测未来的发展趋势，为制定长远的发展战略提供数据支持。财务报告则是将财务分析的结果以书面形式呈现出来，供企业内部管理者和外部投资者参考。财务报告需要遵循相关的会计准则和法规要求，确保信息的真实、准确和完整。通过财务报告，企业可以全面展示自身的财务状况和经营成果，增强投资者和合作伙伴的信心。

六、电子商务人力资源管理

（一）招聘和培训电子商务人才

在电子商务领域，招聘和培训合适的人才至关重要。随着电子商务行业的迅速发展，企业对人才的需求也日益增长。在招聘过程中，企业应明确岗位需求，制定详细的招聘计划，并通过多种渠道发布招聘信息，以吸引更多优秀的电子商务人才。在选拔人才时，除了关注应聘者的专业技能和经验外，还应注重其团队协作能力、创新思维和解决问题的能力。招聘到合适的人才后，企业需要为他们提供全面的培训。培训内容不仅包括电子商务专业知识、技能和工具的使用，还应涉及公司文化、团队协作和沟通技巧等方面。通过培训，可以帮助新员工更快地融入团队，提高工作效率，同时也为企业的长远发展储备了人才。

（二）设定绩效考核和激励机制

在电子商务人力资源管理中，设定合理的绩效考核和激励机制对于激发员工的工作积极性和创造力具有重要意义。绩效考核应明确、具体，并能够量化评估员工的工作表现。通过定期的绩效评估，企业可以及时了解员工的工作状态和成果，为员工提供有针对性的反馈和指导。为了激励员工更好地发挥潜能，企业应建立多元化的激励机制，包括提供具有竞争力的薪酬福利、晋升机会、员工认可计划等。同时，企业还可以根据员工的个人需求和职业发展目标，制定个性化的激励方案。通过这些措施，企业可以激发员工的工作热情，提高员工的忠诚度和满意度。

（三）构建高效团队协作环境

为了构建高效团队协作环境，企业应首先明确团队的目标和愿景，确保每个成员都对团队的工作方向和重点有清晰的认识。同时，建立开放、透明的沟通机制，鼓励团队成员积极分享想法和经验，共同解决问题。此外，企业应注重培养团队成员之间的信任和合作精神。通过定期的团队建设活动、交流和分享会等方式，增强团队成员之间的联系和了解。同时，为团队成员提供必要的支持和资源，帮助他们更好地完成工作任务和实现个人职业发展。在构建高效团队协作环境的过程中，企业还应关注团队文化的培养。通过明确的价值观和行为准则，引导团队成员形成积极向上的工作态度和合作精神。

第二章　电子商务的技术基础

第一节　网络基础

一、网络的基本概念与功能

（一）网络的基本概念

1. 网络的定义与起源

网络是由节点和连线构成，表示诸多对象及其相互联系，在信息技术领域，特指由计算机或其他通信设备连接而成的系统。网络的起源可以追溯到20世纪60年代，当时美国国防部高级研究计划局（DARPA）发起了ARPANET项目，旨在建立一个分布式的网络系统，以提高军事通信的可靠性和灵活性。这一项目的成功实施，不仅奠定了互联网技术的基础，也标志着网络技术发展的开端。随着互联网技术的不断发展，网络已经渗透到人们生活的方方面面，成为现代社会不可或缺的基础设施。网络的定义也在不断演变，从最初的简单数据通信到如今的复杂信息服务网络，其功能和应用范围不断扩大。网络不仅为人们提供了便捷的通信手段，还促进了信息的快速传播和共享，推动了全球化进程。可以说，网络的起源和发展是人类社会科技进步的重要标志之一。

2. 网络的主要类型

网络根据其覆盖范围和应用场景的不同，可以分为多种类型。局域网（LAN）是最常见的一种，它主要服务于一个相对较小的地理区域，如家庭、办公室或建筑物内，提供高速、可靠的数据传输服务。广域网（WAN）则覆盖更广泛的地理区域，甚至可以跨越国界，实现全球范围内的通信。城域网（MAN）则介于局域网和广域网之间，通常覆盖一个城市或地区。此外，根据网络的使用者和用途，还可以分为公用网和专用网。公用网是面向公众开放的网络，如互联网；专用网则是为特定组织或机构服务的网络，如军事网络、企业内部网络等。这些不同类型的网络在结构、功能和应用方面各有特点，共同构成了现代通信的复杂网络体系。

3. 网络的基本组成元素

网络的基本组成元素主要包括硬件设备、软件系统和数据传输介质。硬件设备包括路由器、交换机、服务器和客户端设备等，构成了网络的物理基础，负责数据的处理和转发。软件系统则包括操作系统、网络通信协议和各种应用软件，负责控制硬件设备的运行，实现数据的编码、解码和传输。数据传输介质是网络连接各部分的桥梁，常见的介质包括光纤、同轴电缆、双绞线等。这些介质具有不同的传输特性和成本效益，适用于不同的网络环境和应用需求。除了这些基本元素外，网络还包括各种网络服务和应用，如电子邮件、文件传输、远程登录等，它们为用户提供了丰富多彩的网络体验。

（二）网络的功能与特点

1. 数据传输与信息共享

数据传输是网络最基本且核心的功能之一。在网络环境下，数据可以高效、快速地从一个节点传输到另一个节点，无论是文本、图片、音频还是视频，网络都能提供稳定且高效的传输服务。这种功能极大地促进了信息的流通，使得全球范围内的信息传播成为可能。同时，网络还实现了信息共享，即不同的用户可以同时访问和获取相同的信息资源。这种信息共享的特性，不仅提高了信息的利用率，还降低了信息获取的成本，对于知识的传播和文化的交流具有深远的意义。

2. 分布式处理与资源共享

支持分布式处理是网络的另一个重要功能。在网络环境中，分布式处理可以实现多台计算机协同工作，共同处理复杂的计算任务。这种分布式处理的模式，大大提高了计算效率和响应速度，使得大规模数据处理和高性能计算成为可能。此外，网络还实现了资源共享。通过网络，用户可以远程访问和使用其他计算机上的硬件和软件资源，这不仅提高了资源的利用率，还降低了成本。资源共享的特性，使得网络成了一个强大的协作平台，促进了全球范围内的科研合作和技术创新。

3. 网络的实时性与交互性

网络的实时性是指信息在网络中的传输和处理速度非常快，几乎可以达到实时的效果。这种实时性使得网络应用能够迅速响应用户的操作和需求，提高了用户体验和工作效率。同时，网络还具有交互性，即用户可以通过网络与其他用户或系统进行实时的信息交换和互动。这种交互性不仅丰富了网络应用的功能和形式，还使得网络成了一个充满活力的社交平台。通过网络，人们可以随时随地与他人进行交流、分享和合作，极大地拓展了人们的社交圈子和信息来源。

二、电子商务网络的构成

（一）电子商务网络的硬件组成

1. 服务器与客户端设备

在电子商务网络中，服务器扮演着至关重要的角色，它们是网络的核心，负责处理客户端的请求，提供数据存储、应用服务及网络资源管理等功能。服务器通常具备高性能的处理器、大容量内存和高速网络接口，以确保能够高效、稳定地处理大量并发请求。此外，服务器还承载着电子商务网站的核心业务逻辑和数据库服务，保障交易的顺利进行。客户端设备则是用户接入电子商务网络的接口，包括个人电脑、智能手机、平板电脑等。这些设备通过浏览器或专用应用程序与服务器进行通信，实现用户浏览商品、下单支付等操作。客户端设备的多样性和性能提升，使得用户可以随时随地访问电子商务服务，极大地推动了电子商务的发展。

2. 网络传输设备

网络传输设备是电子商务网络中不可或缺的组成部分，负责数据的传输和交换。路由器、交换机和集线器等设备构成了网络的基础设施，确保数据能够在不同的网络节点之间高效、准确地传递。这些设备不仅提供高速的数据传输通道，还具备数据转发、流量控制和安全防护等功能，保障电子商务交易的稳定性和安全性。随着技术的进步，网络传输设备的性能和功能不断增强，为电子商务提供了更加可靠的网络环境。例如，高性能路由器能够支持更大的数据传输量，减少网络延迟，提升用户体验；智能化的交换机能够根据网络流量动态调整数据传输路径，优化网络资源的使用。

3. 数据存储设备

数据存储设备在电子商务网络中扮演着重要角色，负责存储和管理海量的交易数据、用户信息和商品信息等。这些设备通常具备高容量、高性能和高可靠性的特点，以确保数据的完整性和可用性。硬盘阵列、固态硬盘（SSD）和云存储等技术的运用，极大地提升了数据存储的效率和安全性。在电子商务环境中，数据存储设备的选择和管理至关重要。一方面，要确保设备能够满足不断增长的数据存储需求；另一方面，要保障数据的安全性，防止数据泄露和损坏。因此，电子商务企业需要建立完善的数据存储和管理体系，包括数据备份、恢复和灾难恢复计划等，以应对各种风险和挑战。

（二）电子商务网络的软件架构

1. 操作系统与网络平台

操作系统是电子商务网络软件架构的基石，管理着计算机的硬件资源，为上层应用软件提供一个稳定、统一的运行环境。在电子商务环境中，操作系统不仅需要具备高效的任务调度和资源管理能力，还需要确保系统的稳定性和安全性。同时，网络平台作为电子商务的载体，提供了网站搭建、交易处理、支付结算等功能。这些平台通常采用模块化设计，易于扩展和维护，能够支持大量的用户并发访问，保证交易的顺畅进行。对于电子商务而言，选择一个合适的操作系统和网络平台至关重要。这不仅影响着系统的性能和稳定性，还直接关系到用户体验和交易安全。因此，在构建电子商务网络时，必须综合考虑操作系统的兼容性、安全性和性能，以及网络平台的可扩展性、易用性和成本效益。

2. 电子商务应用软件

电子商务应用软件是实现电子商务功能的关键，包括前台用户界面和后台管理系统。前台用户界面负责展示商品信息、处理用户订单和支付等交互操作，需要具备良好的用户体验和响应速度。后台管理系统负责商品管理、订单处理、用户管理、数据分析等核心功能，要求具备高度的稳定性和安全性。这些应用软件通常采用先进的技术架构和设计理念，以确保系统的可扩展性和可维护性。同时，为了提升用户体验和交易效率，这些软件还需要不断优化和升级，以适应不断变化的市场需求和用户习惯。

3. 数据库管理系统

数据库管理系统是电子商务网络中数据存储和管理的核心，负责存储商品信息、用户数据、订单记录等关键信息，并提供高效的数据检索和处理功能。在电子商务环境中，数据库管理系统需要具备高性能、高可靠性和高安全性，以确保数据的完整性和保密性。此外，随着电子商务的不断发展，数据库管理系统还需要支持大数据分析和挖掘功能，帮助企业更好地了解市场动态和用户需求，为决策提供有力支持。因此，在选择和设计数据库管理系统时，必须综合考虑其性能、安全性、易用性和可扩展性等多方面因素。

三、网络技术在电子商务中的应用

（一）数据传输技术

1. 数据压缩与加密技术

在电子商务环境中，数据压缩技术能够有效减少传输数据所需的时间和带宽，提高传输效率。通过压缩算法，可以将大量的数据压缩成较小的文件，便于网络传输和存储。同时，为了保障数据的安全性，加密技术被广泛应用于电子商务中。通过对数据进行加密，可以确保数据的机密性和完整性，防止数据在传输过程中被窃取或篡改。这些技术为电子商务提供了安全、高效的数据传输环境。

2. 数据同步与备份技术

数据同步技术能够确保电子商务系统中各个部分的数据保持一致，避免数据冲突和丢失。通过实时同步技术，可以实现不同设备、不同系统之间的数据共享和更新。此外，为了防止数据丢失或损坏，备份技术也是至关重要的。备份技术实现定期对重要数据进行备份，可以在数据出现问题时及时恢复，确保电子商务系统的稳定运行。

（二）电子商务交易处理技术

1. 电子支付系统

电子支付系统是电子商务交易中的关键环节，为消费者提供了便捷、安全的支付方式，如网上银行、第三方支付平台等。这些支付系统不仅提高了交易的便利性，还通过先进的加密技术和安全措施保障了交易的安全性。电子支付系统的发展极大地推动了电子商务的繁荣。

2. 订单处理与物流跟踪

在电子商务中，订单处理是一个核心环节，高效的订单处理系统能够确保客户订单得到准确、及时的处理，提升客户满意度。同时，物流跟踪技术也让消费者能够实时了解订单的配送状态，增强了消费者的购物体验。通过物流跟踪系统，企业可以实时掌握订单的配送情况，及时解决物流问题，提高配送效率和准确性。这些技术的应用为电子商务的发展提供了有力支持。

（三）电子商务网站构建技术

1. 网站架构与设计

电子商务网站的架构与设计是成功构建电商平台的基础，一个良好的网站架构能够确保网站的稳定性和可扩展性，同时提供优质的用户体验。在架构设计上，需要考虑到网站的可用性、安全性和可维护性。这通常包括前后端分离的设计，以便于开发和维护，同时也有利于提高网站的性能和响应速度。网站的设计方面，则需注重用户界面的友好性和直观性。简洁明了的导航结构能帮助用户快速找到所需信息，而美观的界面设计则能提升用户的视觉体验。此外，响应式设计也是现代电商网站不可或缺的一部分，能确保网站在各种设备上都能良好地显示和操作。

2. 用户体验优化技术

用户体验是评价一个电商网站成功与否的关键因素。为了优化用户体验，电商网站需要采用一系列技术手段。首先，页面加载速度的优化。通过压缩图片、减少 HTTP 请求和使用 CDN 等方式，可以显著提高网站页面的加载速度，减少用户的等待时间。其次，个性化推荐系统的应用也是提升用户体验的重要手段。通过分析用户的浏览和购买历史，网站可以为用户提供更加精准的商品推荐，从而提高转化率和用户满意度。最后，简洁的购物流程和多样化的支付方式也是提升用户体验的关键。电商网站应该提供一键购买、快速结账等便捷功能，并支持多种支付方式以满足不同用户的需求。

四、电子商务安全策略与实践

（一）安全政策与流程的制定

在电子商务领域，安全政策与流程的制定显得尤为关键。安全政策和流程为企业信息安全提供了坚实的保障，是指引企业在复杂多变的网络环境中稳定航行的灯塔。它们不仅为企业的信息安全设定了明确的指导原则，更为业务的持续稳健运行和客户宝贵数据的周全保护奠定了基石。安全政策作为企业的纲领性文件，其涵盖面极为广泛，不仅包括数据保护、访问控制，还涉及系统监控等诸多关键环节。这些政策条文明确界定了在企业信息环境中，哪些操作是合规的，哪些行为是禁止的。这样的界定，实际上在制度层面为企业筑起了一道坚实的防线，有效预防了可能潜伏的安全风险。而流程的制定更像是一本详尽的操作手册，它紧密结合企业的实际运营状况，确保每一个操作环节都有明确、标准的步骤可循。以处理客户数据为例，企业必须遵循一套严格的加密和解密流程，确保数据的绝对机密性和完整性，不让任何未经授权的第三方有机可乘。同时，面对外部的网络攻击，如 DDoS 攻击、SQL 注入等常见威胁，企业也应在流程中明确应对策略，做到未雨绸缪，确保系统能够在第一时间做出有效响应。安全政策和流程的制定还必须严格遵循国家的相关法律法规，确保企业的所有运营活动都在法律的框架内进行。

（二）员工培训与安全意识提升

在电子商务环境中，员工的安全意识对于维护企业的信息安全具有至关重要的作用。由于电子商务涉及大量的数据交换和存储，任何一个环节的疏忽都可能导致信息泄露或被恶意利用，提升员工的安全意识成为保障企业信息安全的关键环节。为了达到这一目的，企业应定期开展安全培训活动，针对员工进行全面的安全教育。培训内容不仅包括基础的网络安全知识，如识别网络钓鱼、防范恶意软件等，还要深入解读企业的安全政策，确保员工能够充分理解和执行这些政策。此外，培训中还应涉及应急响应流程的教育，使员工在面临安全事件时能够迅速、准确地做出反应。除了系统的培训，企业还应组织定期的安全演练活动。这些演练通过模拟真实的安全事件，如数据泄露、系统被黑客攻击等情境，让员工在接近实战的环境中学习和掌握应对策略。通过这种方式，员工不仅能够更深入地理解安全政策，还能在实际操作中锻炼自己的应对能力，从而在真正面对安全威胁时能够冷静、有效地处理问题。

第二节　电子商务网站涉及的技术

一、网站开发与前端技术

（一）HTML/CSS 框架构建

HTML（超记标本语言）作为网页内容的骨架，为网页提供了基本结构和内容，而 CSS（层叠样式表）则为这些网页元素赋予了视觉上的样式和布局。

通过 HTML 与 CSS 的紧密结合，可以构建出既美观又易于使用的电子商务网站界面。HTML 框架的构建涉及网页的整体布局设计，包括头部、主体、底部等区域的规划。在这个过程中，需要充分考虑用户体验，确保网站的导航清晰、内容易于查找。同时，为了兼容各种设备和浏览器，还需使用合适的 HTML 标签和属性，确保网站的兼容性和可访问性。CSS 的应用则进一步提升了网站的美观度和用户体验。通过 CSS，可以控制字体样式、颜色、背景等视觉元素，使网站呈现出独特的风格。此外，CSS 还可以实现响应式设计，使网站能够根据不同设备的屏幕尺寸自动调整布局，确保用户在不同设备上都能获得良好的浏览体验。

（二）JavaScript 交互设计与实现

JavaScript 在电子商务网站中扮演着至关重要的角色，特别是在交互设计与实现方面。随着网络技术的发展，用户对网站的交互性和动态性要求越来越高，而 JavaScript 正是实现这些功能的关键技术。通过 JavaScript 可以实现各种复杂的交互效果，如轮播图、选项卡切换、弹出窗口等，这些都能极大地提升用户体验。比如，在商品详情页中，通过 JavaScript 可以实现图片的放大、缩小和 360 度旋转功能，让用户更清楚地查看商品细节。此外，通过 JavaScript 还能实现表单验证、数据动态加载等功能，提高网站的实用性和便捷性。例如，在用户填写收货地址时，可以通过 JavaScript 进行实时验证，确保信息的准确性；在浏览商品时，可以动态加载更多商品信息，而无需重新加载整个页面。

二、后端开发与数据库技术

（一）后端编程语言与框架选择

在电子商务网站的开发中，后端编程语言与框架的选择至关重要，不同的编程语言和框架具有不同的特点和优势，因此需要根据项目的具体需求和团队的技术来进行合理选择。常见的后端编程语言包括 Java、Python、PHP

等，它们各自拥有强大的生态系统和广泛的应用场景。例如，Java 以其稳定的性能和跨平台的特点，在企业级应用中占据重要地位；Python 则以其简洁易读的语法和丰富的库资源，在数据分析和人工智能领域有着广泛应用；PHP 因其快速开发和易于部署的特点，在 Web 开发领域具有显著优势。在选择后端框架时，需要考虑框架的成熟度、易用性、性能以及社区支持等因素。例如，Spring 框架在 Java 领域具有广泛的应用，它提供了丰富的功能和强大的性能，适合构建大型企业级应用；而 Django 和 Flask 等 Python 框架则以其快速开发和高度灵活的特点受到开发者的青睐。

（二）数据库设计与优化策略

数据库设计是电子商务网站后端开发中的关键环节，直接关系到网站的性能、可扩展性和数据安全。在数据库设计时，需要充分考虑数据的一致性、完整性和安全性，同时结合业务需求进行合理的数据建模。为了提高查询效率和响应速度，可以采用索引优化、查询优化等手段。索引优化主要是通过建立合适的索引来加快数据的检索速度，降低全表扫描的开销；查询优化则是对 SQL 语句进行优化，避免不必要的 JOIN 操作和子查询，以提高查询性能。此外，在数据库设计时还需要考虑数据的备份与恢复策略，以确保在发生故障时能够迅速恢复数据。同时，为了应对高并发访问和海量数据存储的需求，可以采用分布式数据库架构或数据库集群技术来提高系统的可扩展性和容错能力。

三、云计算与服务器技术

（一）云计算平台的集成与应用

随着业务的扩展和数据量的增长，传统的本地服务器往往难以满足需求，而云计算平台提供了弹性、可扩展的计算资源，有效解决了这一问题。通过集成云计算平台，电子商务网站可以轻松应对流量高峰，确保网站的稳定运行。云计算平台提供了按需付费的模式，使得企业可以根据实际需求灵活调整资源，从而降低成本。此外，云计算平台还提供了丰富的服务，如数据存储、数据分析、机器学习等，这些服务可以帮助电子商务网站更好地进行用户行为分析、精准营销等。在应用方面，云计算平台与电子商务网站的结合，可以实现数据的快速处理和存储。例如，利用云计算的大数据处理能力，电子商务网站可以实时分析用户购买行为，为用户提供个性化的购物体验。同时，云计算平台的安全性和可靠性也为电子商务网站的数据安全提供了有力保障。

（二）服务器配置与性能调优

合理的服务器配置能够保证网站在高并发访问下的稳定性和响应速度，而性能调优则能进一步提升服务器的运行效率。在服务器配置方面，需要根据网站的访问量、数据类型和业务需求来选择合适的服务器硬件和软件。例如，对于访问量较大的电子商务网站，需要选择高性能的处理器、大容量的内存和高速的存储设备，以确保网站的快速响应。同时，还需要配置合适的操作系统、Web 服务器和数据库服务器等软件，以支持网站的各种功能需求。在性能调优方面，可以通过优化服务器的网络配置、调整数据库参数、使用缓存技术等方式来提高服务器的运行效率。例如，通过调整服务器的网络连接数和网络带宽，可以减少网络延迟，提高用户访问速度；通过优化数据库查询语句和调整数据库缓存大小，可以提高数据库的读写性能；通过使用 Redis 等缓存技术，可以减少对数据库的频繁访问，提高网站的响应速度。

四、移动开发与响应式设计

（一）跨平台移动应用开发技术

随着智能手机和平板电脑的普及，移动应用已成为用户访问电子商务网站的重要入口。跨平台开发技术能够让应用在不同操作系统上实现一致的用户体验，无需为每个平台单独开发，从而大大提高开发效率和降低开发成本。在跨平台移动应用开发中，技术选型是关键。React Native 和 Flutter 等框架允许开发者使用同一套代码库构建 iOS 和 Android 应用，实现代码的复用和高效管理。这些框架还提供了丰富的组件和API，支持原生功能的集成，确保应用性能和用户体验的优越性。此外，跨平台开发还需考虑应用的性能优化和兼容性。针对不同设备的屏幕尺寸和分辨率进行适配，确保应用在各种设备上都能呈现最佳视觉效果。同时，通过优化网络请求、减少资源消耗等手段，提升应用性能，为用户提供流畅、稳定的购物体验。

（二）响应式网站布局与设计原则

响应式网站布局与设计原则在电子商务网站建设中占据重要地位，随着移动设备的多样化，确保网站在各种尺寸的屏幕上都能良好显示成为关键。响应式设计通过媒体查询、流式布局等技术手段，使网站能够自动识别并适应不同设备的屏幕尺寸，提供一致的用户体验。在设计响应式网站时，应遵循移动优先原则，即首先考虑移动设备上的用户体验。通过优化导航结构、减少页面加载时间、提供易于触摸的操作按钮等措施，确保移动用户在浏览和购物过程中获得便捷、高效的体验。同时，响应式设计还需注重内容的可读性和可访问性。通过合理的字体大小、颜色和排版，确保内容在各种设备上都能清晰显示。此外，提供辅助功能和无障碍访问支持，以满足不同用户的需求和偏好。

五、支付与物流技术

（一）支付网关集成与安全保障

支付网关在电子商务中扮演着举足轻重的角色，不仅是连接消费者、商户和银行的关键桥梁，更是保障交易安全的重要环节。支付网关的集成要确保与各大银行、第三方支付平台的顺畅对接，实现快速、准确的资金流转。在此过程中，安全性是首要考虑的因素。通过采用先进的加密技术、设置多重身份验证以及实施严密的风险监控措施，可以有效保护消费者的支付信息和资金安全。为了进一步提升支付过程的便捷性和安全性，支付网关还需支持多种支付方式，如信用卡、借记卡、电子钱包等，并兼容各种操作系统和设备。同时，通过实时监控交易活动，及时发现并应对潜在的安全威胁，确保每一笔交易都能安全、高效地完成。

（二）物流跟踪与智能配送系统

物流跟踪与智能配送系统是电子商务不可或缺的一部分，通过实时更新订单状态、提供精确的物流信息，显著提升了用户体验和购物便利性。智能配送系统利用先进的算法和数据分析技术，优化配送路线和时间表，从而提高配送效率并降低运营成本。电子商务企业借助现代化的信息技术，如物联网（IoT）、大数据分析等可以实现高效的物流跟踪与智能配送。通过这些技术，可以实时监控货物的运输状态，预测可能的延误，并及时调整配送策略。此外，智能配送系统还能根据用户的需求和偏好，提供个性化的配送服务，进一步提升用户满意度。综上所述，支付网关集成与安全保障以及物流跟踪与智能配送系统是电子商务发展的两大关键技术，通过不断优化和完善这些技术，可以为用户提供更加便捷、安全的购物体验，推动电子商务行业的持续发展。

六、软件测试与信息安全

（一）软件测试方法与自动化测试工具

软件测试是确保软件质量和稳定性的关键环节，在软件开发过程中，采用适当的测试方法和自动化测试工具能够显著提高测试效率，减少人为错误。常见的软件测试方法包括黑盒测试、白盒测试、灰盒测试等。黑盒测试关注软件的功能需求，通过输入不同的数据验证软件输出是否符合预期。白盒测试则深入了解软件内部实现，检查代码和程序逻辑中的潜在错误。灰盒测试结合了黑盒和白盒的特点，既考虑功能也考虑内部结构。自动化测试工具如 Selenium、Appium 等，能模拟用户操作进行自动化测试，大幅提高测试效率。这些工具支持多种编程语言，可编写灵活可扩展的自动化测试脚本，减少人工干预的错误。

（二）网络安全策略与防护措施

网络安全是电子商务的核心问题之一，为了保护用户数据和交易安全，必须采取一系列网络安全策略和防护措施。首先，数据加密技术，通过加密算法保护数据的机密性和完整性，防止数据泄露和篡改。其次，防火墙技术，用于监控和控制网络通信，防止未经授权的访问。再次，定期的安全审计和漏洞扫描也是必不可少的，它们能及时发现并修复潜在的安全漏洞。用户身份验证和访问控制机制也是关键措施，确保只有授权用户才能访问敏感数据和资源。最后，备份和恢复策略也是网络安全的重要组成部分，以防数据丢失或损坏。

软件测试方法和自动化测试工具的应用以及网络安全策略与防护措施的制定和执行，对于确保电子商务网站的安全性和稳定性至关重要。通过综合运用这些方法和措施，可以有效提升软件质量，保护用户数据和交易安全。

七、人工智能与个性化推荐

（一）机器学习算法在推荐系统中的应用

在电子商务领域，机器学习算法已经成为驱动个性化推荐系统的核心力量，这些算法深入地分析用户的各类数据，如购物历史、搜索记录以及点击行为，从而精准地挖掘出用户的潜在兴趣和偏好。这一过程犹如一场精细的考古发掘，逐步揭示出消费者的内心需求和消费习惯。以协同过滤算法为例，它不仅考察用户自身的历史行为，还参照其他具有相似行为的用户，综合这些因素来预测用户可能感兴趣的产品。这种算法就像一个经验丰富的导购，能够准确地为顾客推荐符合其口味和需求的商品。而深度学习算法则更为强大，它能够深入探索用户行为背后的非线性关系和复杂模式。这种算法如同一个高级的数据分析师，通过复杂的数据模型，洞察用户的深层次需求，从而提供更为精准的个性化推荐。这些机器学习算法的应用，极大地丰富了用户的购物体验。用户不再需要在海量的商品中盲目搜索，而是能够享受到量身定制的推荐服务。同时，对于电子商务平台而言，这些算法也显著提高了销售转化率，将潜在的消费需求转化为实际的购买行为，实现了商业价值的最大化。

（二）智能客服机器人的设计与实现

智能客服机器人在电子商务领域正逐渐崭露头角，其重要性日益凸显。智能客服机器人依托于自然语言处理技术的深厚功底，能够精准地理解和回应用户的各类咨询和问题，为用户提供全天候不间断的服务。在构建智能客服机器人时，必须综合考虑多个核心要素，其中机器人的语言理解能力尤为关键。这种能力决定了机器人是否能准确捕捉用户的语义和真实意图，从而提供恰当的回应。深度学习技术的融入，使得智能客服机器人在语言理解上更加精准，能够深入解析用户的言语背后的含义。此外，知识库的构建也是不可或缺的一环。一个丰富的知识库能为智能客服机器人提供广泛的参考信息，确保其回答既全面又准确。而优化的对话管理策略，则让智能客服机器人在与用户交流时更加得心应手，使对话更加流畅自然。在实现智能客服机器人的过程中，与用户的交互体验同样不容忽视。智能客服机器人的回应应当自然、流畅，并且能够真正解决用户所面临的问题，只有这样才能赢得用户的信任和满意。展望未来，随着技术的不断革新和进步，智能客服机器人无疑将成为电子商务服务中不可或缺的一部分，它们将为用户提供更为便捷、高效的服务体验，助力电子商务行业持续繁荣发展。

第三节　电子商务安全技术

一、加密技术

（一）密码学概述

密码学是融合了数学、计算机科学以及电子通信的交叉学科，旨在探究信息的保密本质。在信息安全领域中，密码学扮演着举足轻重的角色，不仅关乎个人隐私的保护，还直接影响到国家安全与商业机密的维护。密码学并非单一的研究方向，而是由两大主要分支构成：密码编码学与密码分析学。密码编码学侧重于探索和创新加密手段，以确保信息在传输与存储过程中的机密性。这一分支的研究者们运用复杂的数学原理和计算机技术，设计出各种加密算法，旨在使得未经授权的人员无法解读加密后的信息内容。与密码编码学相辅相成的是密码分析学，这一领域的研究专注于解密技术，尝试破解已经加密的信息。这不仅是对加密技术的一种挑战，也是对其安全性的一种检验。密码分析学家通过寻找加密算法中的潜在漏洞，来测试其抵御攻击的能力。随着信息技术的迅猛发展，密码学的重要性愈发凸显，已经成为现代网络通信和数据保护不可或缺的一环，无论是在线购物，还是银行交易，甚至是军事通讯，都离不开密码学的坚实支撑。

（二）对称密钥系统

对称密钥系统，亦被称为私钥加密系统，以其独特的加密方式在信息安全领域占有一席之地。这种加密方法的特点在于，无论是加密还是解密过程，都使用相同的密钥（见图 2-1）。这一特性使得对称密钥系统在加密效率上具有显著优势，因为相同的密钥意味着加密和解密操作可以更为迅速和流畅。然而，这种加密方式的核心在于密钥的严格保密。一旦密钥泄露，整个加密系统的安全性将荡然无存。DES（数据加密标准）和 AES（高级加密标准）作为对称加密算法中的佼佼者，被广泛应用于各种需要数据加密的场合。这些算法经过精心设计和多次验证，旨在提供强大的安全保障。对称密钥系统的优势显而易见：加密速度快，处理效率高。然而，它也存在一个显著的缺

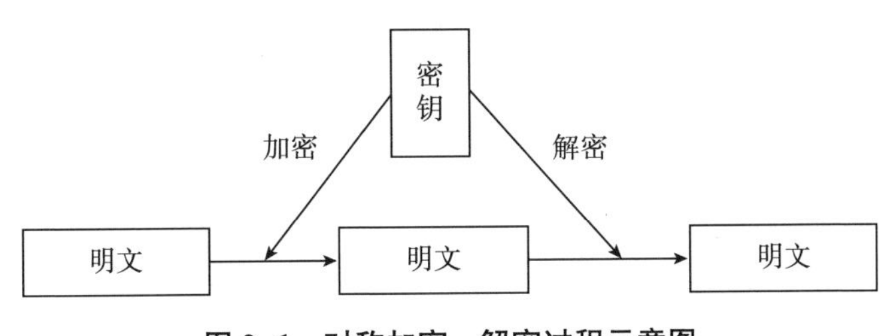

图 2-1　对称加密、解密过程示意图

点，那就是密钥的分发和管理问题。在大规模用户环境中，如何确保每个用户都能安全地获得并妥善保管密钥，成了一个亟待解决的问题。此外，随着用户数量的增加，密钥管理的复杂性也随之上升。

（三）非对称密钥系统

非对称密钥系统，也被广泛地称为公开密钥加密系统，以其独特的一对密钥机制在安全通信领域独树一帜。在这种机制中，公钥负责加密信息，而相应的私钥则用于解密（见图 2-2）。这种分离式的密钥使用方式，为非对称密钥系统赋予了极高的安全性和灵活性，特别是在开放且多变的网络环境中。RSA 算法，作为非对称密钥加密的标杆，已被广泛采纳并应用于各种安全通信场景。其坚实的数学基础和巧妙的密钥设计，确保了信息传输的机密性和完整性。与对称密钥系统相比，非对称密钥系统显著地简化了密钥的分发和管理流程。在开放的网络环境中，公钥可以自由地分享和传播，而私钥则仅由信息接收者秘密持有。这种机制不仅降低了密钥管理的复杂性，还大大提高了通信的安全性。此外，非对称密钥系统还为数字签名等高级安全功能提供了坚实的基础。通过私钥进行签名，公钥进行验证，可以确保信息的真实性和来源的可靠性。

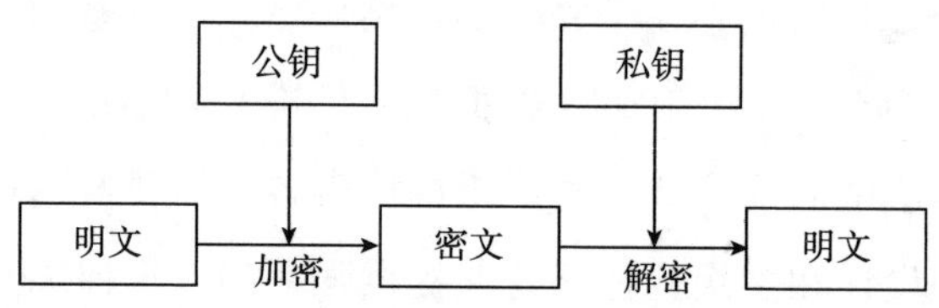

图 2-2　非对称加密、解密过程示意图

二、认证技术

（一）身份认证

在网络空间中，每一个参与者都隐藏在虚拟的面纱之后，这使得验证每个人的真实身份变得尤为关键。身份认证技术的出现，正是为了揭开这层神秘面纱，确保网络交互的透明与安全。为了确保身份的真实性，身份认证采用了多种方法。其中，用户名和密码验证是最为基础的一种方式，但它也逐渐与其他更先进的技术相结合，以提高安全性。生物识别技术，如指纹识别和面部识别，利用个体独特的生理特征进行验证，极大增强了身份认证的准确性。此外，动态令牌技术通过不断变化的验证码，为每次登录提供了额外的安全保障。而多因素认证则综合了多种验证方式，如手机短信验证、电子邮件确认等，进一步提升了账户的安全性。这些方法并非孤立存在，它们往往相互配合，形成一个多层次的安全防护网。通过这一系列严谨的身份认证流程，系统能够准确地识别出用户的真实身份，从而确保只有合法、经过授权的用户才能接触到敏感信息和资源，不仅有效地预防了网络欺诈和非法访问，也为整个网络环境的安全稳定提供了坚实的保障。

（二）数字签名

数字签名作为一种高级的安全技术，其基础在于公钥密码学的深厚原理，不仅是一个简单的签名，更是一个能够全面验证信息完整性和确认发送者身份的强大工具。当发送者想要传递一个重要信息时，他可以使用自己的私钥对这条信息进行加密，从而生成一个与众不同的数字签名。这个数字签名的独特之处在于，它确保了信息的完整性和原始性。在传输过程中，无论信息内容遭到任何修改，数字签名都会立刻显示出这种变化，警示接收者信息可能已被篡改。而对于接收者来说，他们只需使用发送者公开的公钥，就可以轻松验证这个签名的真实性。正因为数字签名具有较高的安全性和实用性，在电子商务、电子政务等多个领域都得到了广泛的应用。在这些领域中，确保信息的真实性和防止信息被篡改是至关重要的。数字签名为这些领域提供了一个既高效又安全的方法，使得网络通信中的身份验证和数据完整性确认变得更为简单和可靠。

（三）数字信封与数字时间戳

数字信封技术巧妙地将对称加密与非对称加密结合在一起，为信息传输提供了双重保障。在这一过程中，发送者先利用对称密钥对要传递的信息进行加密，确保信息的机密性。但对称密钥的传输本身也是一个安全隐患，因此，发送者会进一步使用接收者的公钥来加密这个对称密钥，这样，就形成了一个被双重保护的“数字信封”。当这个“数字信封”到达接收者手中时，接收者需要使用自己的私钥来打开这个信封，获得其中的对称密钥。只有拥有了这把对称密钥，接收者才能解密出原始的信息内容。这样的加密方式，大大提高了信息在传输过程中的安全性。与此同时，数字时间戳技术则为数据提供了时间上的证明。这一技术能够明确地标记出数据在某个特定时间点的存在和完整性，通常由受信任的第三方时间戳服务机构来提供这一服务。在电子商务、法律文件、交易记录等场合，数字时间戳的存在至关重要，不仅为数据提供了时间上的证明，还确保了数据的完整性和法律效力，使得电子文档和交易记录在需要时能够被追溯和验证。

（四）数字证书

数字证书作为一种由权威认证机构（CA）签发的电子凭证，承载着证明某个实体身份及其公钥合法性的重要使命。数字证书不仅包含了证书持有者的详细身份信息，还记录了其公钥、证书的有效使用期限，以及认证机构独特的数字签名，这些元素共同构成了数字证书的核心内容。在网络通信的复杂环境中，数字证书的作用不容忽视。数字证书不仅能够为通信双方提供身份验证的依据，确保交流的对象是真实可信的，而且通过公钥加密技术，保障了传输信息的机密性，防止敏感数据被非法窥探。同时，数字证书还能验证信息的完整性，防止数据在传输过程中被篡改。更重要的是，数字证书的使用具有不可否认性，一旦进行了数字签名，签名者就无法否认自己的行为。借助数字证书的强大功能，用户在进行网络交易、数据传输或其他在线活动时，能够享受到更高级别的安全保障。数字证书犹如一个坚固的护盾，守护着用户的网络安全，让人们无需再为身份被冒用或信息泄露而担忧。

（五）认证中心

CA（Certification Authority）是国际上对认证机构的通称，其核心职责是管理数字证书。这涵盖了证书的申请、审批、发放、归档，以及撤销、更新和废止等各个环节。CA 的主要功能是验证证书持有者的身份合法性，并通过签发证书（即在证书上签字）来确保其真实性和防篡改性。作为一个权威且中立的第三方机构，CA 在电子商务中发挥着至关重要的角色，为交易双方提供身份认证。数字证书，本质上是存储在计算机中的一个记录，它由 CA 签发，用于确认证书主体（即证书申请者，一旦获得证书即成为“证书主体”）与其公钥之间的唯一对应关系。证书内容涵盖了申请者的名称及相关信息、公钥、签发证书的 CA 的数字签名，以及证书的有效期等。数字证书的主要作用是确保网络交易双方能够相互验证身份，从而保障电子商务的顺利进行。一个完整的 CA 2000 系统通常包括以下几个关键组成部分：证书服务器（CA Server）、证书注册中心系统（RA Registry）、证书客户端、RA 服务器（RA Server）、密钥管理服务器（KM Server）、证书目录服务器，以及证书/密钥数据库，如图 2-3 所示。

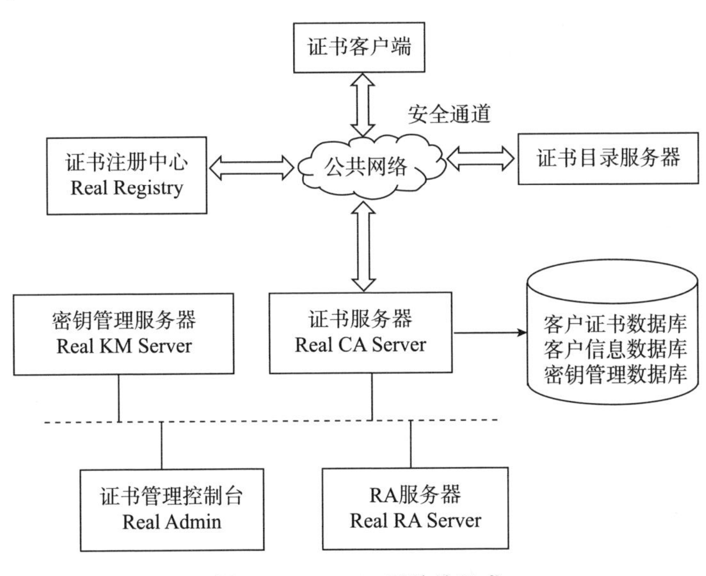

图 2-3 CA2000 系统的组成

三、防火墙技术

（一）防火墙的基本准则

1. 一切未被允许的就是禁止的

这体现了防火墙在网络安全中的严格管控原则。按照这一原则，防火墙默认状态下会阻止所有未经明确允许的网络流量。换言之，除非某项网络服务、协议或端口被明确配置为允许通过，否则任何尝试穿越防火墙的数据包都将被拒绝。这种策略的优势在于其高度的安全性，因为它可以有效地减少潜在的安全风险。通过明确指定哪些流量是允许的，网络管理员能够更精细地控制网络环境，防止未经授权的访问和数据泄露。然而，这种策略也可能导致一些合法的，但未被明确允许的流量被误拦，因此，需要管理员具备高度的专业知识和细致的配置能力。

2. 一切未被禁止的就是允许的

与“一切未被允许的就是禁止的”相反，这一准则采取了更为开放的态度。按照这种策略，防火墙默认允许所有未被明确禁止的网络流量通过。这意味着，除非管理员明确指定某些流量为禁止，否则所有数据包都将被允许穿越防火墙。这种方法的优势在于其灵活性和便利性，它减少了因误配置而导致的合法流量被拦截的可能性。然而，这种策略也带来了更高的安全风险，因为它可能为潜在的恶意流量提供可乘之机。因此，采用这种策略的网络环境需要配备更为强大和智能的安全检测系统，以及反应迅速的安全响应机制。

（二）防火墙的功能

1. 隔离风险区域

防火墙是一座重要的安全堡垒，它稳稳地屹立在安全区域与风险区域之间，充当着守护内部敏感数据的角色，如图 2-4 所示。这道屏障的存在，确保了只有经过严格筛选和认可的应用协议才能穿越，从而极大地提升了网络环境的整体安全性。防火墙具备强大的协议过滤功能，能够识别并禁止那些广为人知、存在安全风险的网络协议进出受保护的内部网络。这一特性使得外部的攻击者无法利用这些脆弱的协议作为突破口，对内部网络发起攻击。此外，防火墙还能有效抵御基于路由的各种网络攻击。例如，它可以识别并阻断 IP 选项中的源路由攻击，以及 ICMP 重定向中的恶意重定向路径。对于这些攻击，防火墙不仅能够进行实时拦截，还会及时通知管理员，确保网络安全得到全面监控和保障。

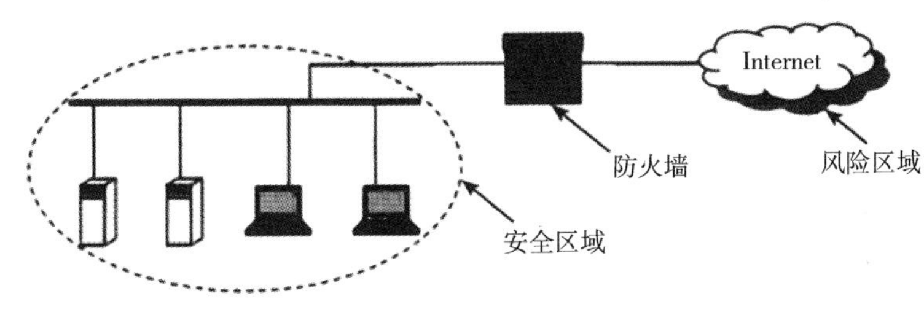

图 2-4　防火墙的位置

2. 强化网络安全策略

通过采用以防火墙为核心的安全配置方案，可以有效地将各类安全软件，如口令管理、数据加密、身份认证以及安全审计等，统一集成在防火墙上。相较于将网络安全措施分散部署在各个主机上的做法，这种以防火墙为中心的集中安全管理方式显得更为经济高效。举个例子，当涉及网络访问控制时，如果采用一次一密口令系统或其他身份认证机制，无需在每个主机上都进行配置。相反，这些安全措施可以全部集中在防火墙上实现，从而简化了管理流程，提高了安全性，并降低了维护成本。这种集中化的安全管理方法不仅使得网络架构更加清晰、易于管理，还确保了安全策略的一致性和有效性。通过将关键的安全功能集中在防火墙上，能够更好地监控和控制网络流量，及时发现并应对潜在的安全威胁，从而为企业或组织提供一个更加安全、可靠的网络环境。

3. 限制访问内部信息

内部网络中包含了许多仅供内部员工或特定管理人员访问的敏感信息，为了确保这些信息不被未授权人员获取，防火墙在这里发挥着至关重要的作用。它能够根据预设的安全策略，精确地实施访问限制，确保只有具备相应权限的人员才能访问这些特定信息。此外，防火墙还能对内部网络进行细致的划分，实现重点网段的隔离。这种隔离不仅有助于提升网络的整体安全性，还能有效限制局部网络安全问题对全局网络的影响。换句话说，即使某个局部网络出现安全问题，也不会波及整个内部网络，从而确保了网络的稳定性和安全性。

4. 进行监控审计

当所有网络访问都通过防火墙时，防火墙便能够全面记录这些访问活动，并生成详细的日志。这些日志不仅记录了访问的时间、来源和目标，还提供了关于网络使用情况的统计数据。防火墙的监控功能使得它能够在检测到可疑行为时及时发出警报。这种警报机制对于及时发现并应对潜在的网络威胁至关重要。同时，防火墙还能提供关于网络是否受到监测和攻击的具体信息，帮助管理员迅速做出响应。此外，收集网络的使用和误用数据也具有重要意义。这些数据能够揭示防火墙在抵挡攻击者探测和攻击方面的实际效果，从而帮助判断防火墙的控制措施是否足够。同时，网络使用统计数据对于进行网络需求分析和威胁分析也是不可或缺的，它为人们提供了关于网络流量、用户行为等方面的深入见解，有助于人们更好地优化网络安全策略。

（三）防火墙的体系结构

1. 多宿主主机体系结构

多宿主主机体系结构是网络安全领域中的一种重要策略，依赖于一台装备了多个网络接口的主机来执行关键任务（见图2-5）。这台特殊的主机就像是内部网络和外部世界之间的守护者，稳稳地站立在两者之间的交界地带，充当着不可或缺的桥梁角色。这台多接口主机不仅连接着多个网络，更关键的是，它具备对数据流进行精细控制的能力。每一条网络通信的线路，都必须经过这台主机的严格审查。主机内部预设的安全规则，就像是一道道过滤网，只有符合规则、被认为是“合法”的数据包，才能够被允许进出内部网络。这种体系结构的魅力，在于其出色的灵活性和高度的可控性。但与此同时，它也对主机的性能提出了不少的挑战。毕竟，要同时处理来自多个网络的数据流，并进行实时的过滤与转发，这无疑需要强大的处理能力和稳定的运行状态。而且，作为网络安全的关键节点，这台主机的安全性也至关重要，任何一点疏忽都可能成为潜在的安全隐患。

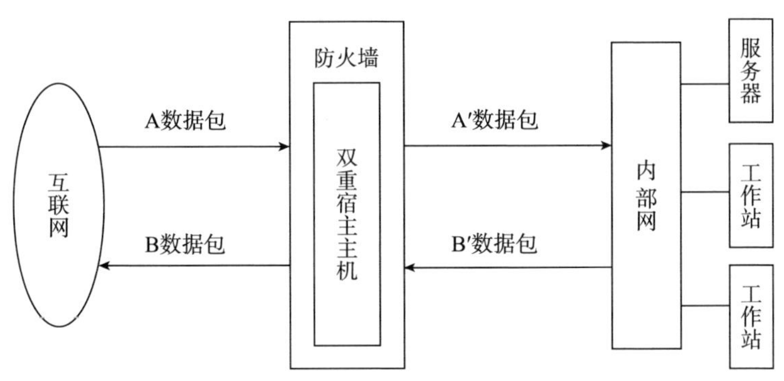

图 2-5　多宿主主机体系结构示意图

2. 被屏蔽主机系统结构

被屏蔽主机系统结构采纳了一种相较于其他方式更为严密的安全策略。在此体系架构中，一个专用的路由器被部署用于保护内部网络的隐秘性，如同一道屏障，将内部网络与外部世界隔离开来（见图 2-6）。而所有与外部的网络通信，并非直接进行，而是通过一个特定的堡垒主机来中转。这台堡垒主机在体系中拥有特殊的地位，是内部网络中仅有的一台被授权可以与外部网络连接的主机。这一独特角色意味着，堡垒主机肩负着数据包过滤与转发的重任。每一个进出内部网络的数据包，都必须经过它的严格审查与筛选。这种结构的显著优点在于其出色的安全性。由于所有的数据通信都必须通过堡垒主机，任何潜在的威胁或未经授权的访问尝试，都会在这一环节被及时识别并拦截。然而，这种高度集中的处理方式也带来了一定的风险。堡垒主机成为整个系统的关键节点，一旦它出现故障或受到攻击，整个网络的安全与稳定都可能受到严重影响。

3. 被屏蔽子网体系结构

被屏蔽子网体系结构是防火墙技术中的高级形式，在已有的被屏蔽主机

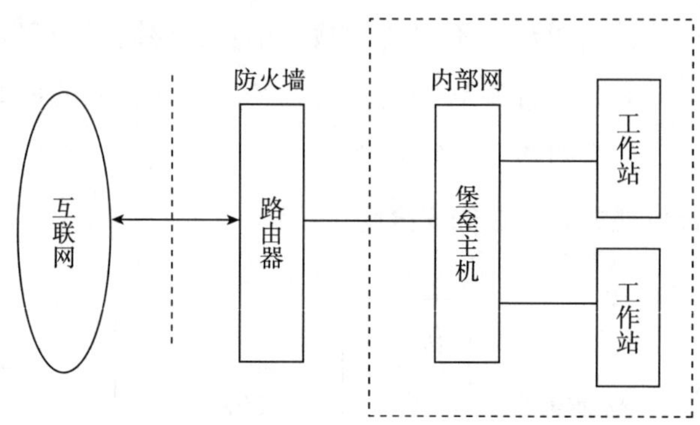

图 2-6　被屏蔽主机体系结构示意图

体系结构之上，巧妙地增加了一个周边网络，这一创新设计为网络安全性带来了质的飞跃（见图 2-7）。在这种精心设计的体系结构中，外部网络和内部网络之间的信息传递不再直接，而是必须经过严格设置的双重宿主主机或屏蔽路由器。这样的中间环节，使得对进出内部网络的流量能够进行更为细致、精确的控制。此结构的优势显而易见，它不仅有效地阻止了外部网络对内部网络的直接攻击，降低了安全风险，还通过巧妙的隔离内部网络，为敏感数据和关键应用程序提供了一层额外的保护。这种被屏蔽子网体系结构，就像一个多层次的防护堡垒，每一层都设有严格的访问控制规则，确保只有符合规定的数据和请求才能通过。

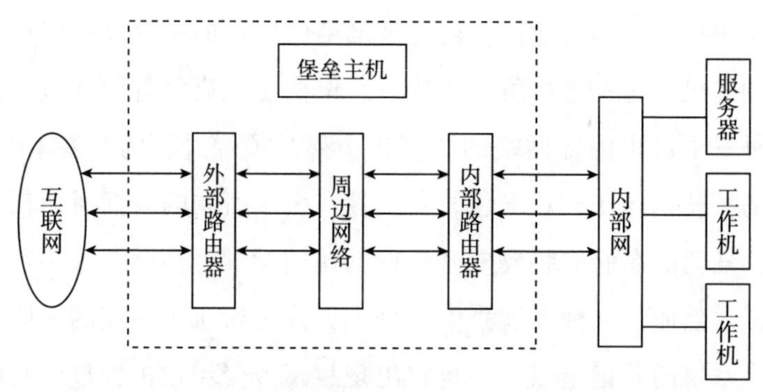

图 2-7　被屏蔽子网体系结构示意图

第三章　电子商务模式与运作流程

第一节　电子商务模式与分类

一、商务模式与电子商务模式

（一）商务模式概述

商务模式是企业为了实现其商业目标而精心构建和采用的一系列经营策略与方法的总称。这一模式深入企业的各个层面，从宏观的市场定位到微观的产品服务设计，都涵盖其中。在市场定位方面，企业需明确自身的目标市场、竞争对手以及核心竞争优势，以制定有效的市场进入和拓展策略。在产品服务设计上，企业需关注客户需求的变化，不断创新和优化产品或服务，以满足市场的多样化需求。同时，营销手段也是商务模式中不可或缺的一部分，企业通过广告宣传、促销活动、公关策略等多种手段，提升品牌知名度和市场份额。盈利方式的选择也直接关系到企业的长期发展和生存能力，合理的定价策略、成本控制以及收益管理都是企业需要考虑的重要因素。

（二）电子商务模式定义

电子商务模式是指企业在当代数字化背景下，充分利用互联网技术和各类电子商务平台，开展商业活动并实现价值最大化的一种创新型商务模式。这一模式的核心在于其打破了传统商务模式所受到的地域和时间限制，使得商业活动可以跨越国界，实现全球范围内的快速交易和信息共享。通过电子商务模式，企业可以更加便捷地触达全球消费者，拓宽市场边界，同时也能够更加高效地管理和运营自身的业务流程。此外，电子商务模式还促进了信息的透明化和对称化，使得消费者可以更加方便地获取商品和服务的信息，做出更加明智的消费决策。而对于企业而言，电子商务模式也提供了更多的数据和分析工具，帮助企业更好地了解市场需求和消费者行为，从而优化产品和服务，提升市场竞争力。

（三）电子商务模式与传统商务模式的区别

1. 交易形式

传统商务模式的核心在于近距离的现货交易，买卖双方往往需要在实体市场或特定的商业场所中进行面对面的交流与协商。这种模式强调了交易双方在时间和空间上的同步性，只有如此，才能确保实物的有效展示、细致检验以及顺利的交付。然而，随着电子商务模式的崛起，商业活动的面貌发生了翻天覆地的变化。电子商务模式利用先进的网络技术，实现了交易过程的远程化和虚拟化。买卖双方无需再受限于地域和时间只需通过互联网这一桥梁，便可在电子商务平台上轻松完成商品的浏览、选择、下单和支付等一系列操作。这种交易方式不仅更加便捷、高效，还极大地扩展了商业活动的边界，为商家和消费者带来了前所未有的机遇和可能性。

2. 成本效率

传统商务模式在信息传递方面常常遭遇成本高昂与效率低下的双重挑战。商家为了宣传和推广自身的产品和服务，不得不依赖多种渠道和媒介，然而这些途径往往伴随着昂贵的费用，并且其效果也颇为有限。除此之外，传统商务模式还需应对大量纸质文件和文档的烦琐处理，这不仅使得信息传递的速度变得缓慢，还极易出现错误。相比之下，电子商务模式则通过“无纸贸易”的创新方式，巧妙地利用电子化的信息传递和处理手段，显著降低了成本，并大幅度提升了效率。电子商务平台为商家提供了一个高效的渠道，使他们能够以更低的成本、更快的速度传递产品信息、促销信息和交易信息。同时，这一平台也为消费者带来了极大的便利，使他们能够轻松获取和比较不同商家的产品和服务，从而做出更加明智的消费选择。

3. 市场范围

传统商务模式在市场范围上往往受到地域的严格限制，商家们的销售和推广活动被迫局限于一个相对狭小的地理区域，这使得他们难以触及并吸引更广泛的消费群体。这种地域性的局限不仅束缚了商家的市场潜力，也严重阻碍了其发展空间。然而，电子商务模式的出现彻底颠覆了这一传统格局。电子商务凭借其全球性的市场范围，为商家提供了一个前所未有的广阔舞台。通过电子商务平台，商家可以轻松地将自己的产品和服务推广至世界各地的消费者。这种前所未有的市场覆盖能力，不仅让商家有机会接触到海量的潜在消费者，还极大地扩大了他们的销售规模和市场份额。与此同时，电子商务的便捷性也让消费者们受益匪浅。消费者可以轻松购买到来自世界各地的优质商品和服务，享受着前所未有的多样化消费选择。

二、电子商务模式分类

（一）按交易主体分类

1. 企业与企业之间的电子商务（B2B）

在 B2B 模式下，企业充分利用 Internet 或其他网络平台，对每一笔交易进行精细化的管理和操作。它们不仅在网络上寻找最佳的合作伙伴，还通过电子化的方式完成从商品或服务的订购、合同签订、物流配送到结算等一系列的交易行为。B2B 模式的优势在于其能够极大地提高企业间的交易效率，降低交易成本，同时帮助企业快速响应市场变化，抓住商机。此外，B2B 平台还为企业提供了丰富的市场信息和数据分析工具，使企业能够更加精准地制定市场策略和业务计划。因此，B2B 模式在电子商务领域中的地位日益凸显，成为众多企业拓展业务、提升竞争力的重要途径。

2. 企业与消费者之间的电子商务（B2C）

B2C 模式是一种让消费者能够直接利用因特网参与经济活动的形式。这种模式类似于商业电子化的零售商务，使得企业能够通过网络平台直接向个人消费者销售其产品或服务。在 B2C 模式下，消费者可以方便地浏览企业提供的商品目录，选择心仪的商品并进行在线购买。企业则负责处理消费者的订单，安排物流配送，并提供售后服务。这种模式的出现，极大地拓宽了消费者的购物渠道，使其不再受限于传统的实体店铺，能够随时随地享受购物的便利。同时，对于企业而言，B2C 模式也为其提供了一个全新的销售渠道，有助于扩大市场份额，提升品牌影响力。因此，B2C 模式在电子商务领域中具有举足轻重的地位，是推动电商行业发展的重要力量。

3. 消费者与消费者之间的电子商务（C2C）

C2C 商务平台在电子商务领域中扮演着重要的角色，为买卖双方提供了一个便捷的在线交易平台。在这个平台上，卖方可以将自己的商品上网拍卖，展示商品的详细信息、价格以及交易条件，以此来吸引潜在的买方。而买方则可以自由地浏览平台上的各种商品，根据自己的需求和喜好选择心仪的商品，并进行竞价购买。C2C 商务平台的优势在于其能够为买卖双方提供一个直接交易的市场环境，降低了交易成本，提高了交易效率。同时，平台上的竞价机制也使得买方能够以更为合理的价格购买到商品，而卖方则能够通过市场竞争获得更好的销售收益。因此，C2C 商务平台在促进个人间交易、推动电子商务发展方面发挥着积极的作用。

（二）其他分类

1. 线上与线下相结合的电子商务（O2O）

O2O 模式，即线上到线下模式，通过创新的网购导购机制，巧妙地将互联网与地面店铺相结合，实现了互联网与实体经济的无缝对接。这一模式的核心优势在于，它让消费者在享受线上优惠价格的同时，也能体验到线下店铺提供的贴心服务。具体来说，消费者可以通过互联网平台浏览商品信息、比较价格、下单购买，然后选择到附近的实体店提货或享受服务。这种模式不仅充分利用了互联网的便捷性和信息丰富性，还发挥了实体店在物流、售后等方面的优势，为消费者提供了更加全面、优质的购物体验。同时，对于商家而言，O2O 模式也为其开辟了新的销售渠道和服务模式，有助于提升品牌影响力和市场竞争力。因此，O2O 模式在电子商务领域中具有广阔的发展前景和巨大的市场潜力。

2. 供应方与采购方通过运营者交易的电子商务（BOB）

BOB 模式作为一种新兴的电子商务模式，其核心在于为供应方与采购方之间搭建一个通过运营者达成产品或服务交易的平台。这一模式的出现，旨在助力中小企业在激烈的市场竞争中脱颖而出，实现品牌的打造、业务的转型和升级。通过 BOB 模式，中小企业能够更高效地与采购方进行连接，减少中间环节，降低成本，同时借助运营者的专业能力和资源，提升自身的市场竞争力。运营者在此模式中扮演着关键角色，不仅提供交易平台的技术支持和维护，还通过市场推广、品牌建设等服务，帮助中小企业扩大知名度，吸引更多采购方的关注。BOB 模式期望实现的是一个共赢的生态，让供应方、采购方和运营者在电子商务的大潮中共同成长和发展。

3. 企业网购引入质量控制的电子商务（B2Q）

B2Q 模式是一种独特的电子商务模式，它在交易双方网上签订意向合同后，特别引入了一个公正的第三方来进行商品品质检验及提供售后服务。这一创新步骤的核心目的在于确保交易的质量，保护买卖双方的权益。通过第三方的专业检验，商品的真实性和品质得到了有力的保障，大大减少了在线交易中可能出现的欺诈行为和质量问题。同时，第三方还负责提供售后服务，解决消费者在购买后可能遇到的任何问题，从而进一步增强了消费者的购买信心和满意度。B2Q 模式不仅提升了电子商务交易的整体信誉度，也为商家和消费者之间建立了一个更加公平、透明的交易环境。因此，B2Q 模式在电子商务领域中被视为一种能够有效提升交易质量、保障消费者权益的先进模式。

4. 消费者与企业之间的电子商务（C2B）

C2B 模式在电子商务领域中展现了一种全新的消费与生产关系，其核心在于让消费者根据自身需求定制产品和价格，或者主动参与到产品的设计、生产和定价过程中。这种模式打破了传统商业模式中生产者主导的局面，将消费者的个性化需求置于核心位置。通过 C2B 模式，消费者可以更加深入地参与到产品的创造和实现过程中，确保最终得到的产品或服务完全符合个人的期望和需求。对于企业而言，C2B 模式也提供了宝贵的市场洞察，使其能够更准确地了解消费者的偏好和变化趋势，从而优化生产流程，减少库存积压，提高市场竞争力。因此，C2B 模式不仅满足了消费者的个性化需求，还推动了企业生产方式的变革，为电子商务市场带来了更多的创新机遇和发展空间。

第二节　电子商务模式分析

一、电子商务模式分析与设计模型

在进行电子商务模式分析时，首先选取研究对象，将研究对象作为案例，然后遵循一定的程序，按照如下的模型（见图 3-1）进行系统分析，给出科学的结论和建议。

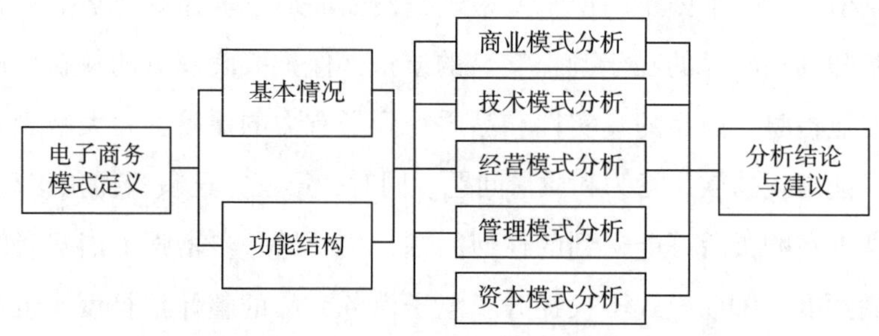

图 3-1　电子商务模式分析模型

（一）案例基本情况

对电子商务案例进行深入分析，详尽了解和汇总案例的基本情况是不可或缺的基础步骤。为了全面掌握案例信息，需要通过多种途径进行数据和信息的搜集，如括查阅现有的相关文献资料，通过网络调查获取更广泛的信息，实地考察以获取第一手资料，浏览相关网站以了解具体的运营模式和策略，参与在线讨论列表以收集各方观点和反馈，以及查阅公司宣传材料来了解其市场定位和品牌形象。在收集到足够的信息后，接下来的关键步骤是对这些信息进行汇总和整理。这一过程旨在提炼出案例的核心要点，明确其运营模式、市场策略、竞争优势以及面临的挑战等关键信息。通过这样的汇总整理，可以更加清晰地呈现出案例的全貌，为后续的分析和讨论奠定坚实的基础。这一工作的严谨性和全面性直接关系到案例分析的质量和深度，因此必须给予足够的重视。

（二）案例功能结构

电子商务案例分析需要进行深入且系统的剖析，这要求对案例的功能结构有科学的认识与定位。为了更直观地理解，绘制电子商务功能结构图是一种有效的方式，它能帮助清晰地界定电子商务模式中涉及的各方主体。这些主体可能包括电子商务公司、客户、供应商及合作伙伴等。通过电子商务功能结构图，可以更为明确地把握在电子商务交易过程中主要的信息流、资金流以及物流的特点。信息流反映了信息的传递与共享方式，资金流揭示了资金的流向与结算方式，而物流则展示了商品的配送与退货等流程。进一步地，通过这种系统性的分析，可以明确该电子商务模式为各个参与主体所提供的具体功能，以及每个参与方能够从中获得的利益。这不仅有助于全面理解电子商务模式的运作机制，还能为评估其效率和效果提供有力的依据。

（三）多种电子商务模式分析

在准确地对电子商务案例进行功能结构定位之后，接下来需要对案例的商业模式、技术模式、经营模式、管理模式以及资本模式进行详尽而系统的分析。这一分析过程旨在深入探究电子商务模式的内涵与特点，从而更全面地理解其运作机制：商业模式的分析可以揭示企业如何创造价值并获得收益；技术模式的探究则展现了企业在技术架构和系统集成方面的创新与应用；经营模式的分析让了解企业在市场竞争中的定位与策略；管理模式的考察揭示了企业内部组织结构和运营流程的优化；而对资本模式的探索，则体现了企业在资金运作和投融资方面的智慧。通过这些系统分析，能够更深入地掌握电子商务的精髓，这不仅有助于提升对电子商务领域的认识，更为未来进行电子商务项目策划与实践积累了丰富的经验（见图 3–2）。

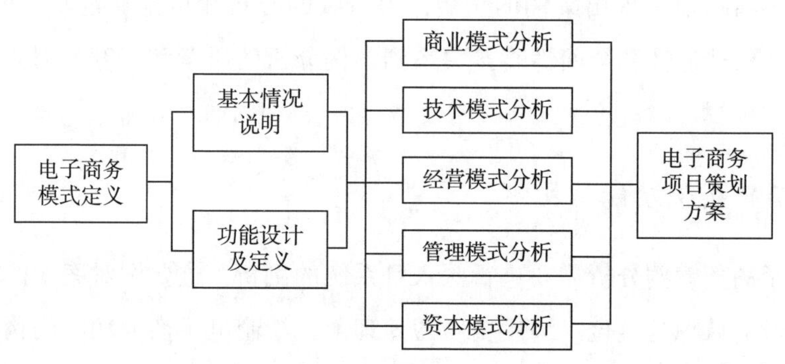

图 3–2　电子商务模式设计模型

二、电子商务的模式分析

（一）电子商务的技术模式

1. 通信系统

通信系统在电子商务中占据着举足轻重的地位，是整个电子商务技术模式的核心组成部分。这一系统不仅负责信息的传输与交互，更是确保电子商务活动能够顺畅进行的关键因素。在电子商务环境中，通信系统的重要性不言而喻。通信系统必须保证数据能够以极快的速度进行传输，确保用户在浏览商品、下单支付等各个环节都能获得即时的反馈。同时，信息的准确性也是至关重要的，任何一点小小的误差都可能导致交易失败或用户体验受损。因此，通信系统需要具备高度的稳定性和可靠性，以确保每一条传输的信息都是准确无误的。除此之外，安全性是通信系统的另一大考量因素。电子商务涉及大量的资金流转和个人信息交换，这些都是极为敏感的数据。为了保障这些信息不被泄露或被恶意利用，通信系统通常会采用先进的加密技术，对数据进行严格的保护。这样一来，即便是在网络传输过程中，数据也能得到充分的保护，大大降低了被非法窃取或篡改的风险。

2. 计算机硬件系统

计算机硬件系统由多个关键组件构成，包括服务器、存储设备及网络设备等，每一个组件都扮演着至关重要的角色。①服务器作为硬件系统的核心，承担着数据处理和存储的重任。在电子商务环境中，服务器需要处理大量的用户请求，进行复杂的数据运算，并确保信息的实时更新。因此，服务器必须具备高可靠性和可扩展性，以应对交易高峰期带来的巨大访问压力。只有这样，才能保证电子商务平台的稳定运行，为用户提供不间断的服务。②存储设备则是保存海量数据的关键所在。电子商务平台中，商品信息、用户数据和交易记录等都需要被妥善保存。这就要求存储设备不仅要有足够的容量来存储这些数据，还要具备高速度以确保数据的快速读写。只有这样，才能满足电子商务平台对数据存储的需求，保证数据的完整性和可访问性。此外，网络设备在硬件系统中也占据着重要的地位。它连接着服务器、存储设备等各个组件，确保数据的顺畅流通。在电子商务交易中，数据的实时传输和更新是至关重要的。③网络设备通过高效的数据传输和稳定的网络连接，保证了电子商务平台的数据同步和信息共享，从而为用户提供了更加便捷的服务。

3. 计算机软件系统

计算机软件系统作为电子商务平台的“智慧之源”，在整个电子商务运营中起着举足轻重的作用。这一系统犹如平台的“大脑”，不仅负责高效地处理和分析海量的数据，还实现了多样化的业务功能，从而保障了电子商务的顺畅运作。其中，①操作系统作为软件系统的根本，为所有上层应用提供了坚实的支撑。它精心管理着计算机的硬件资源，确保每一个应用都能在一个稳定、高效的环境中运行。②数据库管理系统是数据的守护者，它不仅安全地存储了电子商务平台上的各类信息，还支持快速、准确的数据检索与分析，为决策提供有力的数据支持。③应用服务器作为实现具体业务功能的关键环节，承载着如商品搜索、订单处理、用户管理等核心任务。它的高效运作，直接影响了电子商务平台的用户体验和业务效率。

4. 其他专用系统

除了通信系统、计算机硬件和软件系统这三个核心组成部分，电子商务还依赖于一系列专用系统来满足其特定的业务需求。其中，支付系统显得尤为关键，是电子商务交易中不可或缺的一环。支付系统不仅处理用户的支付请求，还承担着确保资金安全流转的重任。在每一次交易中，支付系统都发挥着至关重要的作用，保障着资金能够准确、及时地到达卖家手中，同时也为买家提供了便捷、安全的支付体验。与此同时，物流系统也是电子商务中不可或缺的一部分。它负责商品的配送和跟踪，确保买家能够随时了解商品的配送状态，及时收到所购商品。一个高效、准确的物流系统，能够极大地提升用户的购物体验，增强用户对电子商务平台的信任感。此外，安全系统和数据分析系统也在电子商务中扮演着重要角色。安全系统通过先进的加密技术和安全防护措施，保障着电子商务平台的安全性，防止数据泄露和被恶意攻击。而数据分析系统则通过对海量数据的深入挖掘和分析，为电子商务平台提供数据驱动的决策支持，帮助平台更好地了解用户需求，优化商品推荐和营销策略。

（二）电子商务的经营模式

电子商务的经营模式是公司面向供应链，以市场的观点对整个商务活动进行规划、设计和实施的整体结构。企业电子商务系统的经营模式如图 3-3 所示。建立在 Extranet 基础上的供应链管理（SCM，Supply Chain Management）和客户关系管理（CRM，Customer Relationship Management）是企业电子商务的具体运用。以 Internet 为支撑体系的企业资源计划（ERP，Enterprise Resource Planning）是企业电子商务的基础和具体运用。SCM、CRM、ERP 三者得以使企业所有的商务活动协调完成，为企业开展 B2B 或 B2C 电子商务奠定了基础；而通过建立在 Intranet 基础上的业务流程重组（BPR，Business Process Reengineering），连续不断地对企业原有的业务流程进行根本性的思考和管理创新，它是应用 SCM、CRM 和 ERP 的基础组织保证。

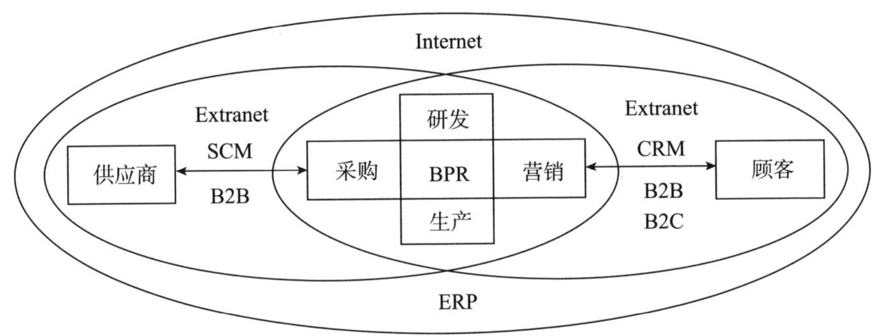

图 3-3 电子商务经营模式的结构模型

（三）电子商务的管理模式

1. 以市场和服务为取向强调企业流程重组的管理思想

在电子商务蓬勃发展的时代背景下，企业面临着前所未有的市场挑战与机遇。为了抓住这些机遇并应对挑战，企业必须以市场和服务为导向，对自身的业务流程进行持续的优化和重组。这种管理思想的核心在于，企业必须摒弃传统的、以职能部门为界限的运营模式，转而采用以流程为中心的管理方式。企业需要构建跨部门、跨职能的团队协作机制，通过整合内部资源，实现业务流程的高效运作。在这个过程中，企业必须时刻保持对市场动态和客户需求的敏锐洞察，以便及时调整自身的业务流程，确保能够迅速响应市场的变化。通过不断优化服务质量和提升产品性能，企业不仅能够满足客户的期望，更能够超越客户的期望，从而赢得客户的信任和忠诚。

2. 扁平化的易于重构的柔性组织结构

传统的多层次、复杂的管理体系已无法适应快速变化的市场环境，因此，建立一种扁平化、易于重构的柔性组织结构显得尤为重要。这种新型组织结构的核心优势在于其能够显著减少管理层次，使信息流通更为迅速和准确，从而大大加快了决策的速度和质量。不仅如此，柔性组织结构的另一个显著特点是其高度的灵活性和适应性。当市场出现新的变化或业务需求有所调整时，这种结构允许企业迅速做出反应，对内部资源进行重新分配和优化，以保持与市场的同步。这种快速调整的能力，不仅使企业能够更好地抓住市场机遇，还能有效规避潜在的风险。这种扁平化、柔性的组织结构有助于营造一个更为开放和包容的工作环境，从而激发员工的创造力和创新精神。当员工感受到自己的意见和想法受到重视，并能迅速转化为实际行动时，他们的工作热情和投入度会大幅提升。

3. 业务过程日益集成化的运作模式

电子商务的深入发展，正逐步改变着企业的运营模式。在这个变革中，企业业务过程的集成化运作模式愈发受到重视。借助先进的信息技术手段，企业现在能够将原本分散的各个业务环节紧密地连接在一起，从而实现信息的即时共享与高效的协同工作。这种集成化运作模式带来的好处是多方面的。它不仅大大提高了业务处理的准确性和整体效率，还显著降低了运营成本。在市场竞争日趋激烈的今天，这些优势无疑为企业增添了不小的竞争力。更为重要的是，通过信息的实时共享，企业能够更为敏锐地捕捉到市场的细微变化，从而做出更为迅速和准确的响应。此外，随着消费者需求的日益多样化和个性化，这种集成化的运作模式也帮助企业更好地理解和满足客户的独特需求。通过数据的精准分析，企业可以为每一位客户提供更为贴心和个性化的服务，进一步提升客户满意度，巩固市场地位。

4. 强调知识性管理的人力资源管理

在电子商务时代，知识的重要性日益凸显，这使得知识管理成为人力资源管理不可或缺的一部分。企业必须深刻认识到，员工的知识储备和技能水平是决定企业未来发展的关键因素。因此，通过培训、学习和发展计划等方式来持续提升员工的专业素质和创新能力，显得尤为重要。不仅如此，为了更好地挖掘和利用员工的智慧，企业还需要建立一套完善的激励机制。这套机制应该能够鼓励员工主动分享自己的知识、经验和创新想法，从而在组织内部形成一种积极向上的工作氛围。当员工感受到自己的知识和想法受到重视，并得到适当的回报时，他们会更愿意投入到工作中，为企业的创新和发展贡献自己的力量。通过实施这种知识性管理的人力资源管理模式，企业可以逐步构建一个学习型组织。在这样的组织中，每个人都渴望学习、乐于分享，并始终保持对创新的热情。

5. 以信息为指导的全球网络供应链管理

电子商务的全球化特点为企业带来了新的挑战与机遇，在这个背景下，建立以信息为指导的全球网络供应链管理显得尤为重要。借助先进的信息技术手段，企业如今能够实时捕捉供应链各个环节的数据和动态，从而实现供应链管理的可视化、可控制和持续优化。这种新型管理模式为企业带来了诸多好处。它不仅显著提高了供应链的响应速度和灵活性，使企业能够迅速应对市场的变化，还大大降低了库存积压和运营成本，提升了整体运营效率。更为重要的是，通过对供应链的优化，企业能够更好地抵御外部风险，确保运营的稳定性。此外，全球网络供应链管理还为企业拓展国际市场提供了有力的支持。借助这一管理模式，企业可以更加高效地协调全球资源，提升自身的全球竞争力。在这个日益全球化的市场中，拥有高效的全球网络供应链管理，无疑是企业走向成功的关键一步。

第三节　电子商务运作流程

一、电子商务运作过程中的四流

电子商务的应用是信息流、商流、资金流和物流的整合。其中，信息流最为重要，对整个流程起着监控作用；物流、资金流是实现电子商务的保证；商流代表着货物所有权的转移，标志着交易的达成。四流的基本功能如图 3-4 所示。

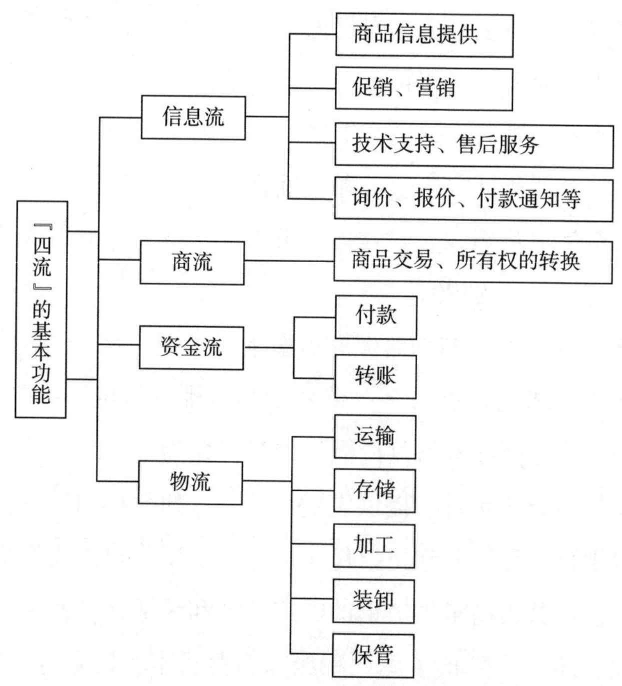

图 3-4　四流的基本功能

二、电子商务交易的基本运作流程

（一）通用运作流程阶段划分

1. 交易前的准备

在电子商务交易中，交易前的准备工作显得尤为重要，它是整个交易过程的基础和关键。企业在这个阶段需要投入大量的精力和资源来进行市场调研，目的在于洞察市场的最新动态、分析竞争对手的战略布局以及深入了解目标客户的真实需求和偏好。只有这样，企业才能结合自身实际情况，制定出切实可行的交易策略，为后续的交易活动奠定坚实基础。同时，企业也不能忽视对潜在交易伙伴的搜寻。通过多种途径，如行业展会、专业网站、社交媒体等，积极寻找那些信誉良好、实力雄厚的合作伙伴，主动建立联系，并就双方的交易条件和合作意向进行初步沟通。这一步骤对于确保交易的顺利进行至关重要。除此之外，企业还需细致入微地准备交易所需的各类资料和文件，包括但不限于详细的商品信息、灵活多变的价格策略以及明确无误的交易条款等。这些资料将在后续的磋商和合同签订环节中发挥重要作用，有助于提升企业的谈判效率和成功率，从而保障交易双方的共同利益。

2. 交易磋商

交易磋商无疑是电子商务交易中的核心环节，承载着买卖双方就各项交易条件进行深入沟通和协商的重要任务。在这一关键阶段，双方会聚焦商品或服务的核心要素，如数量、质量、价格等，同时还会就交货方式、支付方式等细节展开全面的探讨。借助现代化的通信手段，如电子邮件、在线聊天工具以及视频会议等，买卖双方能够实现高效且准确的信息传递。这不仅加快了沟通速度，还提升了信息的透明度，使得双方能够更清晰地了解彼此的需求和期望。在这一过程中，双方可能会围绕某些关键条款进行多轮的讨论和修改，旨在确保所有交易细节均得到精细化的处理，从而为后续合同的顺利签订奠定坚实基础。磋商的过程既是对交易条件的明确，也是对双方合作诚意和决心的考验。通过充分的沟通与协商，买卖双方不仅能够增进了解，更能在互信的基础上携手共进，共同推动交易的顺利完成。

3. 签订合同与办理手续

在交易磋商圆满落幕、双方达成一致意见之后，紧接着的步骤便是签订具有法律效力的正式合同，并着手办理与之相关的各类手续。合同作为保障交易双方权益的重要法律文件，其意义不言而喻。因此，在拟定合同时，必须严谨、详尽地列出交易过程中的所有细节和关键条款，确保每一项内容都清晰明了，不留任何歧义。在电子商务的大背景下，合同的形式也与时俱进，通常以电子文档的形式呈现。这样的设计不仅便于存储和传输，还能通过电子签名等现代技术手段进行快速确认，大大提高了交易的效率和便捷性。除了签订合同外，双方还需依据合同中的具体约定，办理一系列相关手续。例如，开具正规的发票以作为交易的直接证据，或是根据跨境贸易的需要申请进出口许可证等。这些手续的顺利完成，不仅是对交易合法性的有力证明，更标志着整个交易流程正式迈入了履行阶段。

4. 合同的履行和支付过程

合同的履行，无疑是电子商务交易流程中的压轴环节，直接关系到交易目的的最终实现。在这一至关重要的阶段，卖方肩负着按照既定合同所约定的时间和方式，准确无误地交付商品或提供服务的责任。而买方则需恪守承诺，按约定时间支付相应的货款。得益于物流体系的持续优化和电子支付技术的突飞猛进，如今合同的履行与支付流程已愈发便捷高效。买方可以利用各类在线支付平台，轻松完成货款的支付，过程简洁迅速，大幅提升了交易效率。而卖方则能依托成熟的物流公司，确保商品能够安全、快速地送达买方手中，从而极大地缩短了交易周期，优化了客户体验。在这一过程中，双方之间的紧密沟通显得尤为重要。无论是货款的支付进度，还是商品的配送状态，都需要双方实时更新、及时确认，以确保整个交易流程的顺畅无阻。这种高效的沟通与协作，不仅有助于提升交易的透明度，更能为双方建立起长期的信任与合作基础。

（二）B2C 电子商务运作流程

B2C 电子商务运作主要由企业发起，向客户提供相关的电子商务功能，一般包括：顾客管理子系统、商品管理子系统、订单管理子系统、付款子系统，以及统计子系统等。各子系统运作流程如下：

1. 后台管理流程（见图 3-5）

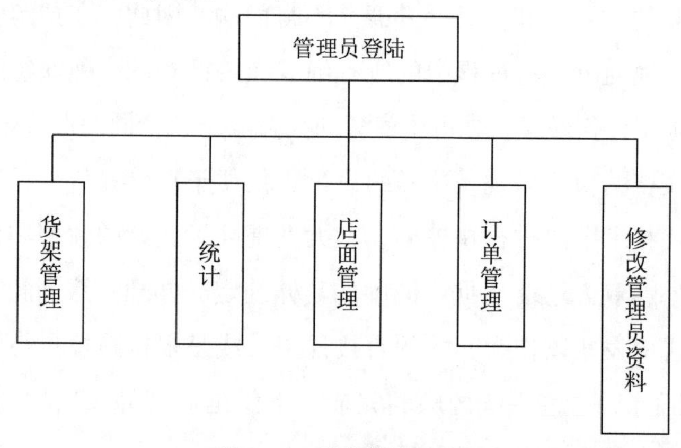

图 3-5　后台管理流程

2. 顾客购物流程（见图 3-6）

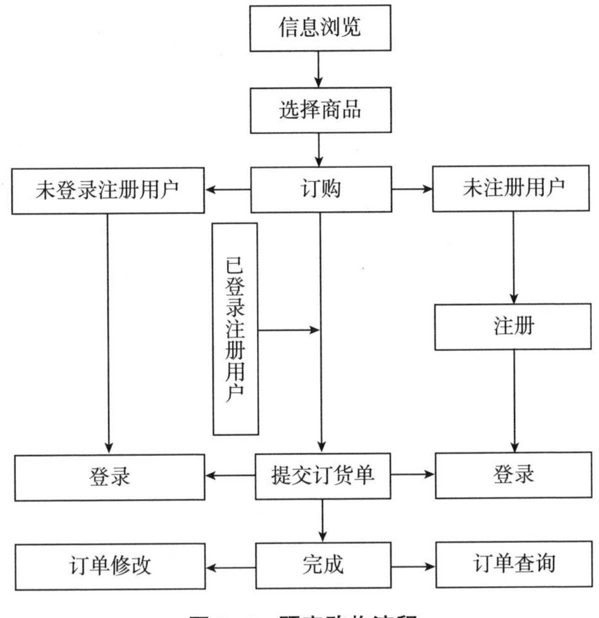

图 3-6　顾客购物流程

3. 顾客管理流程

会员客户需要顾客申请加入，加入后顾客不必在下订单时进行必要填写。操作流程如图 3-7 所示。

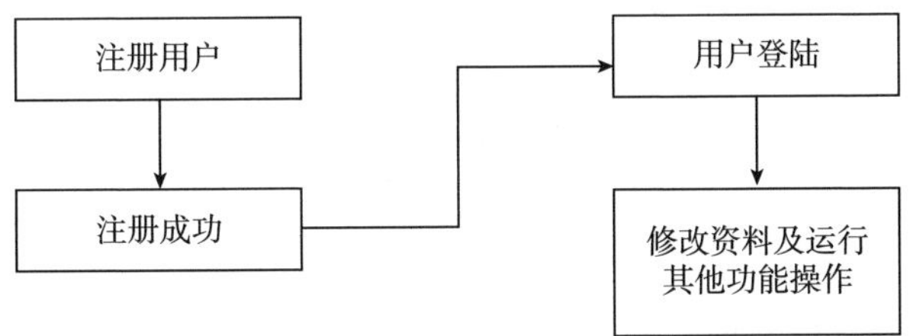

图 3-7　顾客管理流程

4. 商品子系统（前台）

（1）商品搜索

在商品搜索方面，系统提供了便捷的检索服务，使得顾客能够依据不同的条件来查找所需的商品。这些搜索条件多样化，可以是商品的名称、用途，或者是价格范围等。顾客只需输入相关的查询条件，无论是具体的组合条件还是模糊的搜索词，系统都能够迅速地在数据库中检索出符合条件的商品信息。检索结果详尽而全面，包括了商品的名称、单位、包装描述、商品图片以及价格等关键信息。为了方便顾客进一步操作，每条搜索结果的后面都附带有“装入购物车”或“直接订货”的链接。如果顾客想要继续浏览或选择其他商品，可以点击“装入购物车”；若顾客决定直接购买，则可以选择“直接订货”，系统会引导顾客进入付款管理模块，完成购买流程。整个搜索与购买过程如图 3-8 所示，流程清晰，操作简便，极大地提升了用户的购物体验。

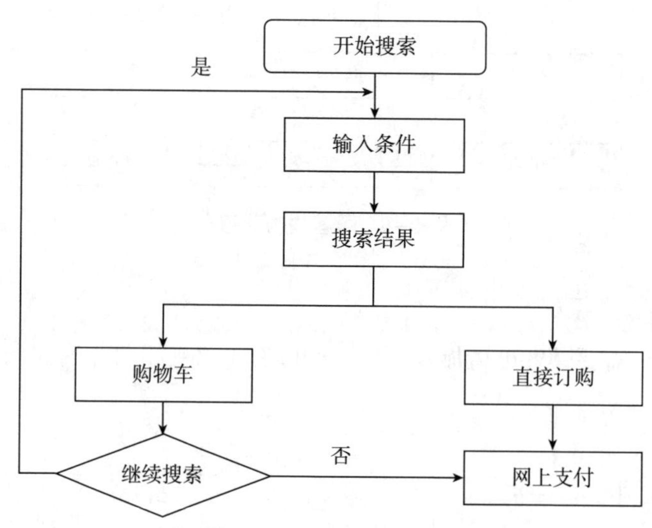

图 3-8　商品搜索流程

（2）购物车

用户使用购物车的功能与现实中在超市购物一样，即用户满意一件商品就把它放到购物车中，这样他在商场中逛完一圈，便选购了自己所有需要的商品。网站提供的购物车功能与此一样，用户可以在网上商店中把自己看到的觉得合适的商品都放到购物车中，看完后，用户还可以检验购物车中的商品，查看商品的所有信息，用户此时还可以再做取舍，完全满意后进行支付。该功能流程如图 3-9 所示。

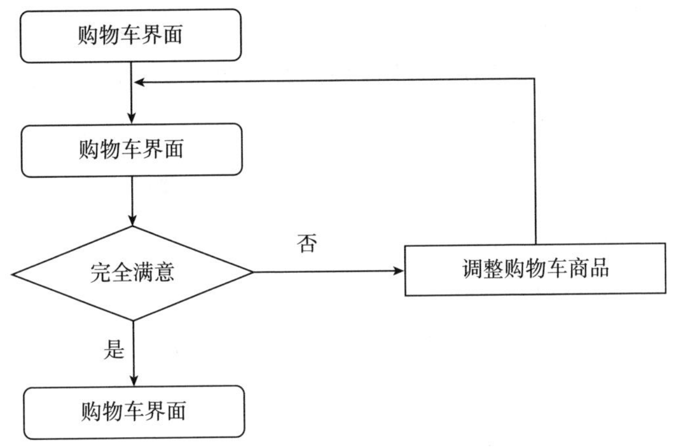

图 3-9　购物车功能流程

（3）商品分类

用户可以通过该模块整体了解该网站的商品种类，如果用户想了解不同厂商的同种商品，使用该模块可以迅速地得到比较，该模块类似于目录树，用户可以一层一层的深入，直到最后一层，一种商品的所有信息都会展现出来。最后用户可以选择加进购物车或直接支付。功能流程如图 3-10 所示。

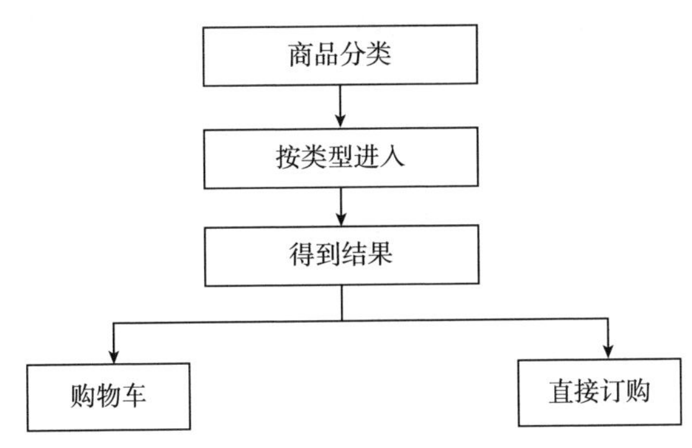

图 3-10　商品分类流程

5. 订单管理子系统（前台）

当用户通过网络平台完成支付后，系统会自动为每一笔交易生成一个独特的流水号和一个相应的密码。这两个信息对于用户来说至关重要，尤其是对于那些未注册的用户，他们需要妥善记住这些信息以便后续查询。已注册的用户除了可以使用流水号和密码进行查询外，还可以通过他们的用户名来追踪订单状态。用户可以利用这些凭据，在订单查询界面方便地查看订单当前的处理状态，无论是“正在受理”“已发货”还是“已收货”等，都可以一目了然。对于已注册的用户，系统还提供了更为便捷的查询方式，他们可以直接通过用户名来查看自己所有的订单及其状态，这样设计旨在为用户提供一个清晰、高效的订单管理体验。通过这一系列功能，用户可以轻松地掌握自己订单的最新动态，从而增强了网络购物的透明度和便利性。

6. 商品管理（后台）

在处理商品流动时，系统严格遵循既定的流程，并提供直观易用的操作界面，旨在帮助商家管理人员轻松应对大量商品的流动与存储问题。管理系统不仅支持商品的增加、删除和修改功能，还允许灵活调整价格，修改商品种类，并能进行促销活动的设置与更改。通过这一系统，管理人员能够高效地管理商品信息，无论是新商品的录入、旧商品的淘汰，还是商品信息的修改，都能迅速完成。同时，系统还提供了价格调整功能，以适应市场变化。此外，商品种类的更改和促销活动的设置也变得简单易行，大幅提升了商家对市场动态的响应速度和管理效率。整个管理流程如图 3-11 所示，清晰明了地展示了商品管理的各个环节，从商品的录入到价格的调整，再到促销活动的设置，每一步都经过精心设计，以确保商品管理的顺畅与高效。

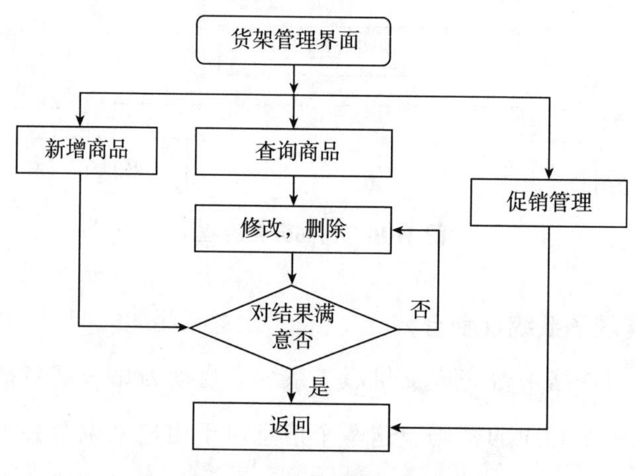

图 3-11　商品管理流程图

7. 订单管理（后台）

订单管理就是管理顾客的订购信息，对用户的订购行为做记录并根据需要在服务器上状态保存。订单管理在用户完成订购行为时反馈给用户进行进一步确认。后台管理界面需要进行审核订单，确认并通知发货，记录收货功能。该功能流程如图 3-12 所示。

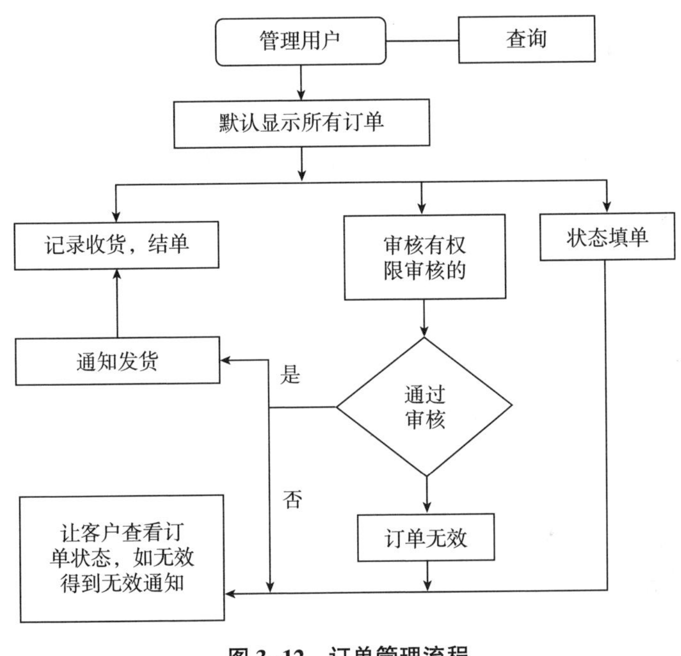

图 3-12 订单管理流程

8. 付款管理

付款管理是企业管理中的重要环节，主要负责监管公司的各种付费方式，涵盖了通过银行卡进行的电子支付，这种方式便捷且实时，能够满足现代商业活动中对效率和速度的需求；同时也包括遵循既定购买协议的传统付费方法，这通常用于长期或固定的商业合作关系。在付款管理过程中，确保每笔支付的准确性和安全性是至关重要的。对于电子支付，系统需要采用先进的安全技术来保护用户的银行卡信息和交易数据，防止任何形式的欺诈行为。而对于常规付费方式，重点在于遵循合同规定，确保款项按时、足额支付，以维护公司的商业信誉和合作关系。

9. 统计子模块

电子商务的成功开展，对每个公司而言，都离不开深入的数据分析。统计子模块在这方面发挥着关键作用，提供了包括商品销售情况、订单处理状况以及顾客行为分析等多维度的统计数据。这些数据可以根据不同的需求进行定制化的输出，为公司的决策提供有力支持。值得一提的是，所有的管理功能都是基于Web平台构建，这意味着管理员无需安装额外的软件，仅需通过浏览器即可轻松完成标准的管理操作。这种设计大大简化了管理流程，提高了工作效率。管理工具涵盖了信息的更新、新建、删除及查询等基础功能，同时，为了保障系统的安全性，管理员权限的设置也被纳入了管理范畴。这样的设计不仅使得数据管理变得更为便捷，同时也确保了数据的安全与准确性。

第四章　财务管理的内涵及相关研究

第一节　财务管理的基本概念及内容

一、财务管理的基本概念

（一）财务的理解

财务从字面意思来理解，就是与理财相关的事务。而当人们谈论企业财务时，指的是在企业日常运营和生产过程中涉及的资金运动和与之相关的财务关系。在当今市场经济的大环境下，持有一定数量的资金对于企业来说是进行各种生产和经营活动不可或缺的基础。企业的运营流程可以简化为两个方面：一是物资的频繁采购与销售；二是与之对应的资金的支出与回收。随着企业经济活动的持续进行，资金的流入与流出也在不断地发生。这种资金的流动，成为企业经济活动中的一个重要组成部分，称之为企业的财务活动。任何财务活动都不只是简单的资金流动，其背后都蕴藏着人与人之间的经济利益纠葛，同时也反映了企业与多方之间的复杂经济关系，这就是所谓的财务关系。因此，当深入研究企业财务管理时，必然需要探讨企业财务活动的经济实质以及其中所蕴含的财务关系。这是企业财务管理学科必须深入探究的基本理论问题，也是确保企业财务健康、稳定运行的关键所在。

（二）财务活动内容

1. 资金筹集活动

为了保持并拓展其生产经营的版图，企业必须持续地从各种渠道汇聚资金。向银行贷款是常见的筹资方式，通过这种方式，企业可以获得相对稳定的资金来源，但同时也要承担一定的利息成本。此外，发行股票或债券也是有效的筹资方式，这不仅可以为企业带来资金，还可以增强其在市场中的影响力。当然，吸引外部投资同样不可忽视，特别是当企业希望引入战略投资者，共同推动业务的发展时。在筹集资金的过程中，资金成本是一个不可忽视的考虑因素。企业需要权衡不同筹资方式所带来的成本差异，以选择最为经济的方案。同时，筹资风险也是一个重要的考量点，不同的筹资方式可能会带来不同的风险水平，企业需要对此进行充分的评估。资金结构也是企业在筹资时必须考虑的问题，一个合理的资金结构不仅可以降低企业的财务风险，还能提高其运营效率。

2. 资金投放与使用活动

资金筹集完成后，其合理有效的投放与使用便显得尤为重要，企业必须对市场动态有深入的了解和敏锐的洞察力，以便根据当前和未来的市场趋势做出明智的投资决策。同时，企业还需紧密结合自身的发展战略，明确哪些领域是其核心竞争力的体现，哪些领域具有增长潜力，从而确保资金的投放能够最大限度地助力企业的长远发展。此外，资源配置的合理性也是资金有效使用的关键。企业需全面评估其现有的资源状况，包括但不限于人力资源、技术资源、生产资源等，以确保投资计划与实际资源相匹配，避免因资源不足或过剩而造成的资金浪费。在投放资金时，企业可能会考虑多个方向，如扩大生产规模以提高产能，投入研发以推出更具竞争力的新产品，或是加强市场营销以提升品牌知名度和市场份额。这些投放领域的选择都需要经过精心的策划和周密的分析，以确保每一分资金都能产生最大的经济效益，从而推动企业持续、稳健地发展。

3. 资金的回收与分配活动

企业在其日常经营活动中，通过销售其生产的产品或提供的服务来获得收入，从而实现资金的回收。这一过程不仅是企业维持运营的基础，更是其持续盈利和增长的关键。每当产品或服务成功售出，企业便能从中获得相应的资金回报，这些资金随后将被用于各种经营活动和战略规划。资金回收后，如何合理分配这些资金显得尤为重要。一部分资金通常会被投入到再生产或扩大投资中，以支持企业的持续增长和市场份额的扩大。这样的投入有助于企业保持其市场竞争力，并进一步巩固或提升其市场地位。另一部分资金则会被用于支付股东的红利，这是对企业投资者的回报，有助于维护投资者关系，并吸引更多的外部投资。同时，企业也需要考虑偿还其债务，以确保良好的信用记录和稳健的财务状况。除此之外，留有一部分资金作为企业储备也是明智之举，这可以为企业应对突发情况或抓住市场机遇提供必要的财务支持。

（三）财务关系细分

1. 企业与国家行政管理者

企业与国家行政管理者之间的财务关系，是企业在运营过程中不可避免的重要环节。这种关系主要体现在税款缴纳和政策扶持资金申请这两个方面。税款缴纳是企业应尽的社会责任，也是国家财政收入的重要来源。企业必须严格遵守国家税收法规，按时足额缴纳各项税款。这不仅是企业合法经营的基本要求，也是企业社会信誉的体现。同时，企业也应积极了解并利用国家政策，特别是那些旨在促进产业发展、科技创新和环保等方面的扶持政策。通过申请政策扶持资金，企业可以获得额外的资金支持，有助于缓解资金压力，加速技术研发和市场拓展，从而优化财务状况，提升竞争力。在这个过程中，企业需要密切关注国家政策动态，及时了解和掌握相关政策信息，以便做出正确的决策。同时，企业也应加强自身管理，提升综合实力，以更好地符合国家政策的扶持条件，获得更多的政策红利。

2. 企业与投资者、受资者

企业与投资者之间的财务关系错综复杂，但核心主要集中在股权融资和利润分配等方面。股权融资是企业发展的重要驱动力，它允许企业通过出售股份来筹集资金，从而支持其运营和扩张计划。为了吸引更多的投资者，企业必须向其展示稳健的财务状况和广阔的发展前景。这通常包括透明的财务报告、可持续的盈利模式以及明确的战略规划。当企业成功吸引投资后，其角色转变为受资者。这时，企业的责任不仅限于资金的使用，更在于如何高效、合理地运用这些资金，以实现最大的经济效益。企业需要对融入的资金进行精心规划，确保其投入到能够产生长期回报的项目中，无论是用于研发新产品、扩大市场份额，还是优化生产流程。通过明智的投资决策和有效的资金管理，企业不仅能够增强自身的市场竞争力，还能为投资者创造更大的价值，从而实现双赢的局面。

3. 企业与债权人、债务人

企业与债权人之间的财务关系主要体现在企业通过贷款、债券发行等方式进行的融资活动上。这些活动为企业提供了必要的资金支持，推动了企业的运营和发展。然而，这些资金并非无偿获得，企业需要按照约定的期限和利率偿还本金和利息。因此，按时偿还债务，不仅是企业履行合同义务的表现，更是维护企业良好信用记录的关键。良好的信用记录有助于企业在未来获得更多的融资机会，降低融资成本，从而提高企业的竞争力。与此同时，企业与债务人之间的关系也至关重要，这主要体现在应收账款的管理上。企业在销售产品或提供服务后，往往会产生大量的应收账款，为了确保资金及时回笼，避免坏账风险，企业需要采取有效措施进行应收账款管理，包括建立完善的信用评估体系、制定合理的收款政策、加强与债务人的沟通与协调等。

4. 企业内部各单位

企业内部各单位之间的财务关系错综复杂，涵盖了资金调配、成本核算以及利润分配等多个层面。这些关系的顺畅与否，直接关系到企业的运营效率和财务状况。资金调配是确保企业各部门正常运转的关键，它要求企业能够根据各部门的实际需求，合理分配和调度资金，以满足各部门的运营和发展需要。成本核算则是企业管理中的重要环节，它有助于企业准确了解和掌控各部门的成本情况，为决策提供有力支持。利润分配更是关系到各部门以及员工的切身利益，必须公平、合理，以激励员工积极工作，促进企业的整体发展。为了确保这些财务活动的协调有序，企业必须建立一套健全的内部财务管理制度。这套制度不仅要明确各部门的财务职责和权限，还要规范财务流程，确保财务信息的准确性和透明度。通过这样的制度设计，企业可以更有效地管理内部财务关系，提高资金的使用效率，为企业的长远发展奠定坚实基础。

5. 企业与供货商、客户

企业与供货商之间的财务关系，核心在于货款支付和采购成本控制。货款支付的及时性和准确性，直接影响到企业与供货商之间的信任与合作基础。为了确保供应链的稳定和高效，企业应致力于与供货商建立长期、稳定的合作关系，这不仅能保障企业生产经营的连续性，还能在市场竞争中为企业赢得更多的优势。在采购成本控制方面，企业应与供货商共同探索成本优化的途径，通过协商合理的采购价格、优化物流等方式，降低采购成本，提高企业的盈利能力。与此同时，企业与客户的财务关系主要体现在销售收入的实现上。为了实现资金的高效回收，企业应密切关注客户需求，通过提供优质的产品和服务，提升客户满意度。

二、财务管理的方法

（一）财务预测方法

财务预测方法在企业财务管理中占据着举足轻重的地位，是企业决策层进行战略规划不可或缺的工具。这一方法的核心在于对历史财务数据和市场趋势的深入挖掘与分析，从而对企业未来的财务状况和经营成果做出科学预测。在进行财务预测时，企业会综合运用统计学、经济学和财务学的先进理论与技术，这些跨学科的知识为企业提供了多角度、全方位的预测手段。特别是通过构建精细的预测模型，企业能够对未来的收入、成本、利润等关键财务指标进行量化预测，这不仅提高了预测的准确性，也使得企业能够更加清晰地把握未来的财务走向。财务预测不仅仅是为了了解未来的财务状况，更是企业战略决策的重要依据。通过对未来财务状况的预测，企业可以更加合理地安排资金使用，优化资源配置，确保每一笔资金都能用在刀刃上。同时，准确的财务预测还能为企业的战略决策提供坚实的数据支撑，使企业在激烈的市场竞争中保持敏锐的洞察力和快速的反应能力。

（二）财务决策方法

财务决策方法对于企业而言，是一个在选择财务活动方案时寻找最优解的过程。这个过程涵盖了诸如投资决策、筹资策略以及股利分配等多个重要领域，每一个决策都可能对企业的未来产生深远影响。在进行财务决策时，企业绝不能仅凭直觉或单一的数据点做出判断。相反，它需要全面审视当前的市场环境，深入了解自身的财务状况，并仔细评估与之相关的各种风险因素。其中，对市场趋势的敏锐洞察和对自身实力的准确评估是制定有效策略的关键。为了更加科学、系统地进行决策，企业会借助财务管理理论和数量分析方法。这些方法为企业提供了一个框架，使其能够客观地评估和比较各种潜在的财务方案。通过数据建模、风险评估和回报预测，企业可以更加清晰地看到每一个选择可能带来的结果。科学的决策方法不仅提高了决策的准确性和有效性，还确保企业所选的财务策略与其长期发展目标高度契合，同时也充分考虑了市场的实际状况。

（三）财务预算方法

财务预算方法在企业财务管理中扮演着至关重要的角色，是企业对未来一段时间内财务走向进行规划和预测的得力助手。在制定财务预算时，企业应紧密结合自身的经营目标和当前的市场环境，同时参考过往的财务数据，从而构建出一套详尽而周密的财务预算方案。这套方案不仅涵盖了对企业未来收入、成本和利润等核心财务指标的预测，更触及资金需求和现金流量的精细规划。通过这样的预算，企业能够清晰地勾勒出未来的财务蓝图，为管理层提供宝贵的决策依据。财务预算方法的价值不仅在于它的预测功能，更在于它对企业成本控制的指导作用。通过预算，企业可以设定合理的成本限额，从而在实际运营中更加有效地控制成本开支，避免不必要的浪费。同时，对资金需求和现金流量的规划也有助于企业优化资金结构，提高资金的使用效率。

（四）财务控制方法

财务控制方法是企业财务管理的关键环节，涉及一系列精心设计的管理措施，旨在确保企业财务活动的合法合规以及高效运行。这一方法并非仅仅局限于某个阶段或某个方面，而是贯穿于企业财务管理的整个流程。其核心目的在于监督和控制所有财务活动的执行情况，从而确保既定的财务目标能够得以实现。为了实现这一目标，企业需要采取多种措施，包括但不限于建立完善的财务制度和流程、设立专门的财务监督机构以及定期进行内部审计。建立完善的财务制度和流程，可以确保每一项财务活动都有明确的操作指南和规范，从而大大减少人为错误和违规操作的可能性。而设立专门的财务监督机构，如内部审计部门或财务监察委员会，则能够对企业财务活动进行持续的、专业的监督，及时发现并纠正可能存在的问题。此外，定期进行内部审计也是财务控制方法中的重要一环。通过内部审计，企业可以全面检查自身的财务状况，识别并评估潜在的风险点，从而采取相应的措施进行改进和优化。

（五）财务分析方法

财务分析方法在企业运营中占据着举足轻重的地位，是企业对自身财务状况和经营成果进行深度剖析的关键手段。这一方法的核心在于对财务报表及相关数据的精细解读，以及运用多种技术方法进行综合评估。在这个过程中，比率分析、趋势分析、结构分析等财务分析的专业技术方法发挥着重要作用。它们能够从多个角度揭示企业的财务状况，包括盈利能力、偿债能力以及运营效率等关键财务指标。通过分析，企业可以更加全面、客观地了解自身的经营状况。财务分析方法的价值远不止于此，它还能为企业管理层提供宝贵的决策支持。通过对财务状况的深入了解，管理层可以更加明智地制定战略计划，调整经营策略，以应对市场的变化和挑战。

第二节　财务管理目标及特征综述

一、财务管理目标及其特征

（一）财务管理目标的相对稳定性

企业财务管理的目标与其生存目的或企业整体目标紧密相连，同时也深受特定社会经济模式的影响。换言之，企业财务管理目标展现出一种体制性的特质，它并不是孤立存在的，而是嵌入在整个社会经济体制、经济模式以及企业所采用的组织制度之中。这些因素在很大程度上塑造了企业财务管理目标的方向和重点。考虑到社会经济环境的多样性和复杂性，企业财务管理目标自然会随之调整，以适应不同的外部条件。然而，值得注意的是，在某一特定时期或条件下，财务管理的目标会保持相对的稳定性。这种稳定性是企业运营连续性和策略一致性的重要保障。它允许企业在明确的财务管理框架下，进行日常的经营决策，优化资源配置，从而实现长期的商业目标。此外，这种相对稳定的财务管理目标也有助于企业内外的利益相关者形成一致的预期，进而促进企业的稳健发展。因此，尽管企业财务管理目标会受到外部社会经济环境的影响，但在一定时期内，它会维持一种动态的平衡，既反映外部环境的变化，又保持足够的稳定性和连续性，以支持企业的长期发展战略。

（二）财务管理目标的多元性

财务管理目标的多元性指的是财务管理目标并非单一，而是一个由多重因素共同影响的综合目标集合。在现代企业中，财务管理被视作一个复杂的系统，其目标自然也是由多个元素共同构成的多元化目标体系。在这个多元化的目标体系中，存在一个主导性的目标，它在整个目标群中占据支配地位，对其他目标起着引领和指导的作用。这个主导性的目标通常是企业的核心追求，如“财富最大化”。它反映了企业财务管理最核心、最本质的诉求，是企业财务活动的根本驱动力。与此同时，财务管理目标体系中还包含一系列辅助目标。这些辅助目标虽然处于被支配的地位，但对主导性的目标的实现起着重要的配合和辅助作用。例如，企业在追求财富最大化的过程中，还必须兼顾履行社会责任、推动企业快速成长、提升企业信誉等辅助目标。这些辅助目标的实现，不仅有助于提升企业的社会形象和市场竞争力，还能为主导性目标的实现创造更加有利的外部环境。

二、财务管理目标的体现

（一）利润最大化目标

利润最大化在财务管理中的重要性不言而喻，深刻体现了企业的经营成果和经济效益，被视为衡量企业经营状况的关键指标。当企业实现利润最大化时，意味着其在激烈的市场竞争中展现了卓越的优势和高超的经营管理技巧。这不仅为企业带来了丰厚的经济收益，更为其未来的扩展和发展奠定了坚实的基础。实现利润最大化对企业的积极影响是多方面的。一方面，丰厚的利润为企业积累了宝贵的资金，这些资金可以用于研发新产品、扩大生产规模、引进先进技术或提升员工的培训水平。这些投入将进一步增强企业的市场竞争力，使其更好地满足不断变化的市场需求。另一方面，随着企业实力的增强，其抗风险能力也随之提高，使企业在面对市场波动和经济挑战时更加从容应对。然而，企业在追求利润最大化目标的过程中，也需警惕潜在的陷阱。过分强调利润可能导致企业忽视其应承担的社会责任，甚至为了短期利益而牺牲长远的可持续发展。这样的做法不仅可能损害企业的品牌形象，还可能引发社会舆论的质疑和批评。

（二）资本利润率最大化或每股利润最大化目标

资本利润率最大化和每股利润最大化，这两者构成了财务管理的另一大支柱目标。它们的核心关注点在于股东的投资回报，深刻展现了企业对股东利益的重视和负责态度。资本利润率最大化所追求的是企业通过精细的资源配置与全面的风险管理，使得每一分资本都能得到最优的利用，进而为股东创造最大的价值。这不仅仅是一个简单的财务指标，更是企业运营效率和风险管理能力的综合体现。当资本利润率达到最大化时，它向外界传递了一个强烈的信号：该企业能够高效、稳健地运用资本，为股东带来丰厚的回报。每股利润最大化则更为直观地展现了股东从每一股投资中所能获得的收益。这一指标对于股东而言具有极高的参考价值，因为它直接关系到股东的切身利益。当每股利润实现最大化时，意味着企业的盈利能力强劲，股东的投资得到了丰厚的回报。实现这两个目标，对于企业的长远发展具有深远的意义。它们有助于提升企业在资本市场的吸引力，吸引更多的投资者关注和资金流入，从而为企业的持续扩张和创新提供坚实的资金基础；同时，也要求企业在日常经营中不断自我革新，优化资本结构，持续提高盈利能力，以确保股东的利益得到最大化的保障。这样的追求，无疑将推动企业走向更为稳健、高效的发展之路。

（三）企业价值最大化目标

企业价值最大化作为财务管理的核心目标，其深远意义远超对当前盈利的追求，强调的是一种长远的视角，关注的是企业的持久发展和长期价值的积累。为了实现这一目标，企业必须对市场环境有深入的洞察，对技术创新的趋势有敏锐的捕捉，对人才培养有系统的规划。这些因素都是构建科学发展战略的基石，每一项都不可或缺。市场环境是企业生存和发展的土壤，企业必须时刻关注市场的变化，以便及时调整自身的经营策略。技术创新则是推动企业不断进步的关键动力，只有不断创新，才能在激烈的市场竞争中脱颖而出。而人才，作为企业最宝贵的资源，其培养和发展同样不容忽视。当企业能够综合考虑这些因素，并制定出科学的发展战略时，就已经走在了通往成功的道路上。这样的企业，不仅能够在市场竞争中保持领先地位，更能够实现真正的可持续发展。而这种发展，不仅仅是经济效益的增长，更是对所有利益相关者，包括股东、员工、客户和供应商等，负责和担当的体现。

三、不同利益主体在财务管理目标上的矛盾与协调

（一）出资者与经营者的矛盾与协调

1. 解聘措施

解聘措施是出资者在面对经营者业绩不佳或行为不当时的一种有效措施，这一措施实际上是对经营者的一种明确约束，提醒他们必须为出资者的利益而努力工作。当经营者无法达到预定的业绩目标，或者在管理过程中存在明显的不当行为，如贪污、滥用职权等，出资者便有权行使解聘的权力。这不仅是对经营者个人的惩罚，更是对整个管理团队的一个警示。在实际操作中，解聘措施需要谨慎使用。一方面，频繁更换经营者可能会对企业的稳定性和长期发展产生不利影响；另一方面，解聘一个经营者并不能保证下一个经营者就一定能做得更好。因此，出资者在考虑行使解聘措施时，通常会结合其他管理手段，如加强内部监督、完善激励机制等，以确保企业的平稳运行和持续发展。此外，解聘措施也是一种激励机制。它让经营者明白，自己的工作表现直接关系到个人的职业前景和经济利益。在这种压力下，经营者往往会更加努力地工作，以提升自己的业绩并避免被解聘的风险。

2. 接收措施

接收措施是出资者在极端情况下采取的一种法律手段，用于直接接管企业以维护自身的利益。当企业陷入严重的经营困境，或者经营者存在重大违法行为时，出资者可能会选择通过法律途径来接管企业，以确保企业的长期稳健发展。这一措施的实施需要遵循严格的法律程序，并可能需要与法院、监管机构等多方进行协调。出资者在接管企业后，通常需要对企业进行全面

的整顿和改革，以恢复其正常的经营秩序和盈利能力，包括调整管理团队、优化业务流程、加强内部控制等多个方面。接收措施的使用应当谨慎而明智。它不仅是出资者对企业命运的一次重大干预，也是对企业未来发展方向的一次重要抉择。因此，在决定采取接收措施之前，出资者需要充分评估企业的实际情况和未来前景，以确保自己的决策能够为企业带来真正的转机。

3. 激励措施

激励措施是出资者为了激发经营者工作积极性和创造力而设立的一种机制。通过合理的薪酬和奖励制度，出资者能够引导经营者更加努力地工作，从而实现企业的目标和愿景。这种正向激励不仅有助于减少出资者与经营者之间的利益冲突，还能够增强企业的凝聚力和向心力。在实施激励措施时，出资者需要考虑到多个方面的因素。首先，薪酬和奖励制度的设计应当公平合理，能够真实反映经营者的工作绩效和贡献。其次，激励机制应当具有可持续性，能够随着企业的发展和市场环境的变化而不断调整和优化。最后，出资者还需要关注激励机制可能带来的风险和问题，如经营者的短期行为、道德风险等，并采取相应的措施进行防范和控制。

4. 经理人市场及竞争措施

通过市场竞争来选拔和评价经营者，不仅可以确保经营者的能力和行为与出资者的利益保持一致，还能够为企业提供源源不断的人才支持。在经理人市场中，经营者的声誉、业绩和能力都会成为他们被选拔和聘用的重要依据。这种竞争机制能够促使经营者不断提升自己的专业素养和管理能力，以在经理人市场中脱颖而出。同时，经理人市场也为出资者提供了更多的选择和参考，有助于他们找到最适合企业的经营人才。然而，经理人市场的建设并非一蹴而就，需要政府、企业和社会各方的共同努力和配合。政府应当加强对经理人市场的监管和规范，确保市场的公平竞争和良性发展；企业则应当积极参与到经理人市场的建设中来，通过提供实践机会和培训资源等方式来支持人才的培养和发展；社会各方也应当关注经理人市场的动态和发展趋势，为其提供更多的关注和支持。

（二）所有者与债权人的矛盾与协调

1. 明确债权债务关系

在借贷合同中详细规定双方的权利和义务是确保双方利益得到保障的关键。借款期限的明确可以避免因还款时间模糊而产生的纠纷，使得所有者有明确的还款计划，债权人也能预知资金回收的时间点。利率的确定则直接关系到债权人的收益和所有者的成本，合理的利率设置能够平衡双方的利益诉求。还款方式的明确，如等额本息、等额本金等，有助于所有者合理安排资金流，同时也让债权人能够预测和评估风险。通过明确这些关键条款，可以减少后续合作中的不确定性，从而降低双方之间的矛盾和冲突。这种明确性不仅为双方提供了法律上的保障，更在心理层面为双方建立了信任和合作的基石。

2. 建立信息披露制度

信息不对称是所有者与债权人之间矛盾的一个重要来源，为了缓解这一问题，企业应定期向债权人提供财务报告和经营信息。财务报告的定期披露，可以让债权人及时了解企业的财务状况、经营成果和现金流量，从而评估其投资风险。经营信息的透明化，则有助于债权人理解企业的业务模式、市场前景以及潜在风险，进而做出更为合理的投资决策。通过建立完善的信息披露制度，企业不仅能够增强债权人的信心，还能够促进双方的长期合作。透明度的提升，有助于减少误解和猜疑，为双方建立一个公平、公正的合作环境。

3. 设定限制性条款

在借贷合同中设定限制性条款是保护债权人利益的重要手段。这些条款可以限制企业过度举债，防止企业因债务过重而陷入财务困境，从而保障债权人的资金安全。同时，限制企业投资高风险项目也是为了确保债权人的利益不受损害。高风险项目虽然可能带来高收益，但一旦失败，可能导致企业无法偿还债务，给债权人带来巨大损失。通过设定这些限制性条款，债权人能够在一定程度上控制投资风险，而所有者也能在合理的债务范围内运营企业，实现稳健发展。这种平衡不仅有助于维护双方的利益，还能促进金融市场的稳定和健康发展。

4. 加强沟通与协作

所有者与债权人之间的有效沟通是缓解矛盾、促进合作的关键，双方应建立定期的沟通机制，就企业的财务状况、经营策略、市场前景等关键问题进行深入交流。通过这种沟通，债权人能够更好地了解企业的运营情况和未来发展计划，从而做出更为明智的投资决策。同时，所有者也能从债权人那里获得宝贵的市场信息和专业建议，有助于企业制定更为科学合理的经营策略。除了沟通之外，双方还应加强协作。在面对市场波动、政策风险等不可预测因素时，双方应携手应对，共同寻找解决方案。通过这种紧密的协作关系，所有者与债权人能够建立起深厚的信任基础，为未来的合作奠定坚实基础。这种基于沟通和协作的伙伴关系不仅能够促进企业的稳健发展，还能在金融市场中树立良好的合作典范。

第三节　财务管理环境综合认知

一、财务管理的经济体制环境

（一）计划经济体制下的财务管理

在计划经济体制的背景下，财务管理被赋予了特定的角色和任务，其不仅仅是一个企业或组织的内部事务，更是国家宏观经济管理的重要组成部分。财务管理的核心目标是确保资金流动与国家的宏观计划和经济指令相吻合，实现资源的有效配置和利用。在这种体制下，企业对于资金的操作权限相对有限。资金的使用、分配以及收益分配都受到国家层面的严格监管和控制。企业不能随意决定资金的使用方向，而是要遵循国家的经济计划和指令，确保资金能够按照国家的发展战略进行合理分配。这样的管理方式，使得财务管理的重点更多地放在确保资金使用的规范性和统一性上。财务管理人员需要密切关注国家的经济政策导向，确保企业的财务活动与国家政策保持一致。然而，这种管理方式存在一定的局限性，尤其是在灵活性和创新性方面。由于受到严格的规则和控制，企业在财务管理上的自主权和创新能力受到了一定的限制。为了适应这种体制，财务管理人员不仅需要具备专业的财务知识，更需要深入了解国家的财经纪律和政策，确保每一项财务活动都严格合规，不违背国家的宏观经济管理原则。

（二）市场经济体制下的财务管理

在市场经济体制下，财务管理的角色显得愈发重要，其自由度和灵活性相较于计划经济时代有了显著的提升。这一变化意味着，企业在规划财务活动时，能够拥有更大的自主空间，根据市场的实时动态以及自身的发展需要来制定合适的财务战略。这种自主性不仅要求企业能够精准地把握市场脉搏，更要能够灵活地调整资金的使用和配置，以实现资金利用的最大化。在这样的背景下，财务管理的视野也需随之拓宽。除了传统的对企业内部资金流动的监控和管理，财务管理者还必须对外界环境的变化保持高度的敏感性。例如，市场需求的微妙变化、竞争对手的战略调整等都可能对企业的财务状况产生深远影响。这就要求财务管理不仅要做好日常的账务管理，更要能够从战略的高度出发，以前瞻性的眼光审视和规划企业的财务活动。因此，市场经济体制下的财务管理，已经不是简单的记账和核算，而是更多地融入了战略规划和市场洞察的元素。

（三）混合所有制经济体制与财务管理

在混合所有制经济体制下，财务管理的复杂性显著增加，特点是企业股权结构的多样化，不同的股东有着不同的利益诉求，这无疑加大了财务管理的难度。财务管理者必须巧妙地平衡各方利益，既要确保资金使用的公平性，又要追求资金运用的高效率。这不仅仅是对财务管理专业技术的考验，更是对管理者协调与沟通能力的挑战。此外，混合所有制企业通常涉足多个行业领域，每个行业领域都有其独特的经营特点和财务风险。这就要求财务管理者不仅要对单一行业有深入的了解，还需要具备跨行业的管理经验和风险识别能力。他们必须能够准确地评估不同行业的市场状况和风险水平，从而为企业制定合适的财务策略。在这样的背景下，财务管理的协调性和综合性显得尤为重要。财务管理者需要综合考虑企业的整体发展战略、股东的利益诉求以及各行业的市场动态，确保财务决策能够最大限度地满足各方的需求。同时，他们还需要密切关注外部环境的变化，如政策调整、市场竞争态势等，以便及时调整财务策略，确保企业在复杂多变的市场环境中保持稳健的发展态势。

二、财务管理的经济结构环境

（一）产业结构对财务管理的影响

产业结构对财务管理的影响深远且多样。由于不同产业拥有其特有的运营模式和业务需求，使得财务管理的焦点和策略必须紧密围绕产业的独特性来展开。以制造业为例，该行业通常涉及大量的原材料采购、产品生产和库存管理。因此，财务管理在这一领域往往更加注重精细化的成本控制，以确保生产成本最低，同时保持资金的高流动性以应对可能的市场波动。库存管理是另一个关键点，以避免过多的库存积压导致的资金占用，或是库存不足导致的生产中断。转向服务业，财务管理的重心则有所不同。由于服务业更加依赖于人力资源和客户关系，财务管理可能更加注重客户服务质量的投入与产出比，以及人员成本的合理控制。同时，市场推广和品牌建设往往需要大量的资金投入，财务管理者需要精确计算每一笔资金投入的回报，确保资金的有效利用。随着时代的进步和产业结构的不断升级转型，财务管理的策略也必须与时俱进。例如，在新兴的高科技产业中，研发投入成为企业保持持续竞争力的关键。这要求财务管理不仅要确保研发资金的充足，还要对研发项目的财务效益进行严格的评估。同时，随着数字化转型的推进，优化资产结构、提高资产使用效率也成为财务管理的新挑战。

（二）区域经济结构与财务管理

不同地区的经济发展水平、政策扶持力度以及市场需求存在显著的差异，这些因素综合影响着企业在该地区的财务规划和决策。在经济发展较为成熟的地区，如一线城市或经济特区，企业往往面对着更为激烈的市场竞争环境。在这样的背景下，为了在众多的竞争者中脱颖而出，企业可能需要投入更多的资源用于市场营销和品牌推广，以增强自身的市场影响力和客户黏性。财务管理在这一过程中扮演着关键角色，需要精确计算和分配营销预算，确保每一分投入都能产生最大的经济效益。相对地，在经济发展相对滞后的地区，企业面临的市场环境可能更加复杂。这些地区可能基础设施尚不完善，资源利用效率有待提高。因此，在这些地区运营的企业，其财务管理可能更加注重成本控制和资源优化。通过精细化的成本管理，企业可以在确保产品和服务质量的前提下，尽可能地降低运营成本，从而提高整体盈利能力。

（三）企业规模与结构对财务管理的要求

大型企业，由于其业务广泛、部门繁多，通常构建有更为错综复杂的财务体系。这类企业日常运营所需的资金量巨大，因此，在财务管理层面，必须更加精细地筹划资金的筹措方式，确保资金链的稳定。同时，大型企业也面临着更多的市场风险、运营风险和财务风险，这就要求其财务管理团队在风险控制上投入更多的精力，通过多元化的投资策略和财务工具来分散和降市场低风险。另外，内部审计在大型企业中尤为重要，不仅有助于确保财务报表的准确性，还能及时发现并纠正可能存在的财务问题。相比之下，中小型企业往往面临着资源有限的问题，因此它们在财务管理上可能更加聚焦于现金流的管理，以确保企业的日常运营不受资金短缺的影响。成本控制也是中小型企业财务管理的重点，通过精细化管理，减少不必要的开支，提高企业的盈利能力。同时，中小型企业通常处于快速发展阶段，如何合理分配业务拓展所需的资金，也是其财务管理的一项重要任务。另外，企业的组织结构对财务管理的需求也产生了深刻影响。在集权式管理的企业中，预算控制显得尤为重要，因为决策权高度集中，需要通过严格的预算来确保各部门的运营符合企业的整体战略目标。

三、财务管理的财税环境

（一）税收政策与财务管理

税收政策作为国家调控宏观经济的关键工具，其对企业财务管理产生的作用不容忽视。每一项税收政策的调整都可能直接关系到企业的税负水平以及税后利润，这种影响不仅仅是数字上的变化，更可能关乎企业的经营策略和长远发展。财务管理人员身处这样的环境中，必须时刻保持警觉，对税收政策的任何细微变化都要有敏锐的洞察力。他们的职责不仅仅是日常的财务核算和管理，更包括对税收政策进行深入研究和理解，从而根据政策走向调整企业的财务策略。举例来说，税收优惠政策为企业提供了降低税负的机会。通过合理利用这些税收优惠政策，企业不仅能够减轻税务负担，还能在一定程度上提高其盈利能力。但这也要求财务管理人员具备足够的专业知识和实践经验，能够准确识别和把握这些优惠政策，将其转化为企业的实际利益。除此之外，遵守税收法规也是财务管理的核心职责之一。在追求利润的同时，企业必须确保所有的税务操作都是合法合规的，避免因为违反税收法规而带来的风险和损失。

（二）财政支出政策与财务管理

财政支出政策作为政府引导和调控经济的重要手段，其影响深远且广泛，特别是对于企业的财务管理。政府通过财政支出为企业提供资金支持、各类补贴或优惠贷款，旨在促进企业的健康发展与经济的稳定增长。对于财务管理人员来说，密切关注和深入了解这些财政支出政策是至关重要的。这些政策不仅可能为企业提供额外的资金来源，还有助于优化企业的资金结构，进而降低资金成本，提高企业的竞争力。例如，一些针对特定行业或技术的补贴，可以有效减轻企业在研发和创新方面的资金压力。然而，利用这些政策资源的同时，财务管理人员也必须保持警惕。政策的变化可能会带来未知的风险，如补贴的减少或取消，优惠贷款政策的调整等。这些变化都可能直接影响到企业的财务状况和运营策略。

（三）财税改革与财务管理的适应性调整

财税改革作为国家财税制度的重大举措，其核心目的在于优化税收结构，提升税收征收的效率和公平性。这样的改革往往牵涉到税种的调整、税率的变动，甚至全新税收制度的引入，每一项变动都可能对企业的财务管理带来深远的影响。对于身处改革浪潮中的企业来说，其财务管理人员肩负着巨大的责任。他们需要及时、准确地掌握财税改革的具体内容，深入评估这些变动对企业财务的潜在影响。这不仅仅是对税务方面的考量，更涉及企业整体财务策略的调整。面对税种的变化、税率的调整或新税收制度的实施，财务管理人员必须迅速做出反应，进行适应性的调整。这可能包括重新规划企业的税务筹划策略，以确保在新的税收环境下，企业能够合法、有效地降低税务负担。同时，资金配置的优化也显得尤为重要，以确保资金能够在各个部门和项目之间得到高效利用。

四、财务管理的金融环境

（一）金融市场与财务管理

金融市场不仅是资金流通的枢纽，更是企业获取必要资金、实现资本增值的关键平台。在这个充满活力的市场中，企业拥有多种融资选择，如通过发行股票吸引投资者，或是发行债券来筹集长期资金。这些资金对于企业的持续发展至关重要，可以用于扩大生产线、投入新产品研发或是进一步开拓市场份额。除了融资功能，金融市场同样为企业提供了广阔的投资空间。企业若有闲置资金，可以灵活选择投资于股票、债券或基金等金融产品，以期获得可观的回报。这种投资策略不仅有助于资金的增值，还能够分散风险，提高企业的财务稳健性。鉴于金融市场的重要性和多变性，企业的财务管理部门必须时刻保持警觉，对市场的细微变化都要了然于胸。特别是市场利率和汇率的波动，这些关键指标直接影响到企业的融资成本和投资回报。

只有紧密跟踪市场动态，财务管理部门才能做出明智的决策，适时调整融资和投资策略，从而确保企业的资金运作既安全又高效，最终实现收益的最大化。

（二）金融工具与财务管理

股票、债券、期货、期权等多样化的金融工具，不仅为企业提供了丰富的融资和投资选择，更是企业优化资本结构、提升资金使用效率的关键手段。以债券为例，企业通过发行债券，可以筹集到长期稳定的资金，相较于其他融资方式，这种方式往往具有较低的融资成本，有助于企业在扩张或研发新产品时减轻资金压力。此外，期权等衍生金融工具的运用，则为企业提供了一种有效的风险对冲机制。在市场波动较大或预期存在潜在风险时，企业可以通过购买期权来锁定未来的成本或收益，从而在一定程度上规避市场风险。为了充分发挥这些金融工具的作用，财务管理人员不仅需要深入了解各种工具的特点和使用方法，还需根据企业的实际财务状况和市场环境，灵活制定和调整财务策略。

（三）金融监管对财务管理的影响

金融监管作为政府对金融市场和金融机构的一项重要职能，其核心目的在于确保金融市场的稳定运行和交易的公平性。这一监管不仅涉及市场准入、交易规则，还包括对金融机构的运营状况和风险管理能力的持续监督。如果金融监管政策发生变化，就不可避免地会触及企业的财务管理活动，从而对企业运营产生深远影响。举例来说，监管机构对资本充足率和流动性风险的严格要求，可能会限制企业在某些高风险领域的投资，或者影响企业的融资计划。这样的限制虽然在一定程度上可能会影响企业的盈利机会，但从长远看，它也是确保企业稳健运营、防范金融风险的重要措施。另外，金融监管政策还会对金融市场的竞争格局产生影响。新的监管要求可能会促使某些金融机构调整业务策略，进而影响整个市场的资金流向和产品创新。对于财务管理人员而言，这意味着他们需要更加敏锐地捕捉这些变化，以便及时调整企业的投资策略和融资方式，确保企业在新的监管环境下依然能够保持竞争力，实现合规经营，并确保财务安全。

第四节　财务管理组综合和分析

一、财务分层管理体系

（一）出资者财务管理

1. 出资策略与决策

出资策略与决策是出资者财务中的核心内容，涉及企业资金的投资方向、投资规模以及投资时机的选择。在制定出资策略时，出资者需要综合考虑市场环境、行业趋势、企业自身的资源与能力等多个因素。市场环境的变化会直接影响投资的收益，因此，出资者必须密切关注市场动态，以便及时调整出资策略。同时，行业趋势也是不容忽视的因素，某些行业可能正处于快速发展阶段，而另一些行业则可能处于逐渐衰退阶段。出资者需要根据行业特点和发展趋势来制定相应的出资策略。此外，企业自身的资源与能力也是决定出资策略的重要因素。出资者需要评估企业的人力、物力、财力等资源状况，以及企业在技术、管理、市场等方面的能力，从而确保出资策略与企业实际情况相匹配。在决策过程中，出资者还需要对投资项目进行全面的风险评估，包括市场风险、技术风险、管理风险等，以确保投资的安全性和收益性。

2. 资本结构与优化

资本结构是指企业各种资本的构成及其比例关系，直接影响着企业的财务状况和经营成果。优化资本结构是出资者财务管理的重要任务之一，旨在实现企业价值的最大化。在优化资本结构的过程中，出资者需要综合考虑多个因素，包括企业的盈利能力、偿债能力、运营效率等。首先，企业的盈利能力是资本结构优化的基础。出资者需要评估企业的盈利能力，以确定合理的负债水平和股权结构。如果企业盈利能力较强，可以适当增加负债比例，以提高财务杠杆效应；反之，则应降低负债比例，以避免财务风险。其次，偿债能力也是优化资本结构时需要重点考虑的因素。出资者需要确保企业具有足够的偿债能力，以应对可能出现的债务风险。这要求出资者密切关注企业的现金流状况、资产质量和负债结构，从而制定合理的偿债计划。最后，运营效率也是影响资本结构优化的重要因素。高效的运营管理可以提高企业的盈利能力，进而为资本结构优化创造有利条件。出资者需要关注企业的运营管理情况，推动企业进行流程优化、成本控制等措施，以提高整体运营效率。

（二）经营者财务管理

1. 预算管理与控制

预算管理与控制是经营者财务管理中的关键环节，涉及企业资金的分配、使用与监督。预算管理不仅仅是一个数字游戏，更是一种对企业未来经营活动的规划与约束。经营者通过设定明确的预算目标，能够引导企业各部门按照既定的方向努力，确保资源的合理配置和有效利用。在实施预算管理时，经营者需要综合考虑企业的历史数据、市场趋势以及内部运营情况，从而制定出既符合实际又具有挑战性的预算方案。在预算方案的执行过程中，控制机制同样重要。经营者要定期对比实际支出与预算，分析偏差原因，并及时采取措施进行调整。这种动态的管理过程，不仅有助于保障企业的财务安全，还能提高企业的应变能力和市场竞争力。此外，预算管理也是企业内部沟通与协调的桥梁。通过预算的编制、审批和执行，各部门之间能够形成共同的目标和期望，减少内耗，增强团队协作能力。因此，预算管理与控制不仅是财务管理的技术手段，更是提升企业管理水平和运营效率的重要工具。

2. 经营绩效评估

经营绩效评估是经营者财务管理中不可或缺的一环，旨在衡量企业运营的效果和效率，为未来的决策提供数据支持。通过定期评估经营绩效，经营者可以及时了解企业的经营状况，发现存在的问题，并采取有效措施进行改进。在进行经营绩效评估时，经营者需要建立一套科学、合理的评估体系。这套体系应涵盖财务指标，如收入、利润、成本等，同时也应考虑非财务指标，如客户满意度、内部流程效率、员工满意度等。综合运用定量和定性的评估方法，能够更全面地反映企业的经营状况。评估结果不仅用于衡量过去的业绩，更重要的是指导未来的行动。经营者应根据评估结果分析企业的优势和劣势，明确改进方向，制定具体的行动计划。同时，经营绩效评估也是激励和约束员工的重要手段。通过公正的绩效评估，可以激发员工的积极性和创造力，推动企业持续发展。

（三）财务经理财务管理

1. 财务管理制度建设

在现代企业中，健全和完善的财务管理制度不仅有助于规范企业的财务活动，提高财务管理效率，还能有效防范财务风险，确保企业财务安全。财务经理在构建财务管理制度时，需要综合考虑企业的实际情况、行业特点以及国家相关法规政策。财务管理制度内容应涵盖财务预算、成本控制、资金管理、税务筹划等各个方面，确保企业财务活动的每一个环节都有明确的规范和操作流程。此外，财务管理制度的执行和监督也是财务经理的重要职责。财务经理需要确保财务管理制度在企业内部的贯彻落实，定期对制度执行情况进行检查和评估，及时发现问题并进行调整和完善。同时，财务经理还应积极推动财务管理制度的创新，以适应企业发展和市场环境的变化。通过建立健全的财务管理制度，企业财务活动将更加规范、高效，从而为企业创造更大的经济价值。

2. 财务报告与信息披露

财务报告与信息披露是财务经理另一项至关重要的职责，准确、及时、透明的财务报告和信息披露不仅能帮助企业内部管理者做出正确决策，还能增强外部投资者和利益相关者的信心。财务经理需负责编制企业财务报表，包括资产负债表、利润表、现金流量表等，确保报表数据的真实性和准确性。同时，财务经理还需对报表进行深入分析，为企业管理层提供有价值的财务信息和建议。在信息披露方面，财务经理应遵循相关法律法规和会计准则，确保披露信息的合规性和完整性。通过及时披露企业的财务状况、经营成果和风险情况，财务经理能够帮助企业树立良好的市场形象，增强企业的公信力和市场竞争力。

二、财务组织体制与管理人员组织形式

（一）财务、会计管理机构合并的组织形式

1. 机构设置与职责划分

在财务、会计管理机构合并的组织形式中，机构设置与职责划分显得尤为重要，这种组织形式将原本可能分散的财务与会计职能整合到一个统一的部门中，旨在提高工作效率、减少沟通成本，并提高财务信息的准确性和一致性。机构设置方面，合并后的部门通常包括几个关键职能组，如财务报告组、成本控制组、预算管理组等。每个职能组都有明确的职责范围，确保各项财务工作能够有序进行。例如，财务报告组负责编制企业财务报表，确保报表的准确性和及时性；成本控制组则专注于分析和控制企业成本，以提高盈利能力。职责划分上，这种合并的组织形式要求每个职能组在明确自身职责的同时，也要与其他职能组保持紧密协作。这有助于打破部门壁垒，促进信息共享，从而提高整个财务、会计管理机构的工作效率。此外，明确的职责划分也有助于实现权责对等，确保每个职能组的成员都能对自己的工作负责。

2. 人员配置与协作机制

在财务、会计管理机构合并的组织形式中，人员配置与协作机制是确保部门高效运作的关键。合并后的部门需要合理配置专业人员，以满足各项财务和会计工作的需求。这包括财务分析师、会计师、预算专员等，他们各自承担着不同的职责，共同维持部门的正常运转。人员之间的协作机制也是至关重要的。为了促进团队内部的沟通与合作，需要建立定期的会议制度、信息共享平台以及跨部门协作流程。这些机制有助于确保团队成员之间的信息

畅通，及时解决问题，并共同应对各种财务挑战。此外，为了提升团队的整体效能，还应注重人员的培训与发展。通过提供专业培训和职业发展机会，可以激励员工不断提升自身技能，更好地适应合并后的工作环境。同时，这也有助于增强员工的归属感和忠诚度，从而进一步提高团队的凝聚力和执行力。

（二）财务、会计管理机构分设的组织形式

1. 财务机构与会计机构的独立设置

在财务、会计管理机构分设的组织形式中，财务机构和会计机构是独立设置的，这种设置方式旨在明确区分财务管理和会计核算的职能，确保两者能够独立、高效地运作。财务机构主要负责企业的资金筹措、运用、分配以及财务风险管理等工作。它关注的是企业的资金流动性和财务风险控制，致力于优化企业的资本结构和提高资金的使用效率。通过专业的财务分析和决策支持，财务机构为企业的战略规划和业务发展提供有力的财务保障。会计机构则主要负责企业的会计核算、财务报告编制以及税务申报等工作。它关注的是企业会计信息的准确性和完整性，致力于提供真实、可靠的财务数据，以反映企业的财务状况和经营成果。会计机构通过严谨的会计核算和财务报告编制，为企业的内外部信息使用者提供决策支持。两个机构的独立设置，有助于实现财务管理的专业化和精细化，提高企业的财务管理水平和会计核算质量。

2. 分工协作与信息共享

在财务、会计管理机构分设的组织形式中，分工协作与信息共享显得尤为重要。尽管财务机构和会计机构在职能上有所区分，但两者之间的紧密协作和信息共享是确保整个财务系统高效运作的关键。分工协作方面，财务机构和会计机构需要明确各自的职责边界，并在实际工作中相互支持、密切配合。财务机构在制定财务策略、管理资金流动时，需要会计机构提供准确的财务数据和分析支持。同样，会计机构在进行会计核算和编制财务报告时，也需要财务机构提供相关的财务信息和业务背景。信息共享方面，两个机构

应建立有效的信息共享机制，确保财务数据和会计信息的实时传递和无缝对接。通过共享数据库、定期的信息交流会议等方式，可以促进两个机构之间的信息沟通和数据更新。这种信息共享不仅有助于提高财务工作的透明度和准确性，还能加强两个机构之间的信任与合作，共同推动企业财务管理水平的提升。

（三）大型企业集团或跨国公司财务管理组织：财务公司

1. 财务公司的定位与功能

财务公司在大型企业集团或跨国公司中扮演着至关重要的角色，其定位不仅是一个金融服务提供者，更是大型企业集团或跨国公司内部资本运作和风险管理的核心。财务公司的主要功能包括但不限于资金集中管理、投融资服务、风险控制以及为集团成员提供财务咨询与支持。资金集中管理是财务公司的核心功能之一，通过集中管理集团内部的资金，提高资金使用效率，降低资金成本。同时，财务公司还负责为集团成员提供投融资服务，包括贷款、担保、融资租赁等，以满足成员企业的资金需求，并优化集团的资本结构。此外，财务公司还承担着风险控制的重要职责。它需要对集团内部的财务风险进行识别、评估和控制，确保集团财务的稳健运营。同时，财务公司还为集团成员提供财务咨询与支持，帮助其提高财务管理水平，优化财务决策。

2. 组织架构与运营模式

财务公司的组织架构通常包括前台业务部门、中台风险管理部门和后台支持部门。前台业务部门负责与客户对接，提供金融服务，包括信贷、投资等；中台风险管理部门则专注于风险评估、监控和报告，确保公司业务风险在可控范围内；后台支持部门提供日常的运营管理、技术支持和客户服务等。在运营模式上，财务公司通常采取集中化、专业化的管理方式。通过高效的信息系统，实现资金、风险、业务等各方面的集中管理，以提高运营效率和风险控制能力。同时，财务公司还注重业务的创新和发展，根据市场需求和集团战略，不断推出新的金融产品和服务，以满足集团成员和外部客户的需求。此外，财务公司还与集团内部的其他部门以及外部金融机构保持着紧密的合作关系。通过与集团内部的采购、销售等部门协同工作，财务公司能够更深入地了解集团成员的业务需求和财务状况，从而提供更精准的金融服务。而与外部金融机构的合作，则为财务公司提供了更广阔的资金来源和业务渠道，有助于其提升服务质量和市场竞争力。

第五章　电子商务下的财务管理

第一节　电子商务与财务管理

一、电子商务引起集中式财务管理

（一）集中式财务管理的概念与特点

1. 集中式财务管理的概念

集中式财务管理是一种将企业财务管理的核心功能和数据进行集中处理的管理模式。在这种模式下，所有的财务数据和信息都汇集到一个中心进行处理，以确保数据的一致性和准确性。这种管理方式旨在提高企业财务管理的效率和透明度，降低财务风险，并支持更快速、更准确的决策过程。通过集中式财务管理，企业能够更好地掌握自身的财务状况，及时调整经营策略，以适应不断变化的市场环境。

2. 集中式财务管理的优势分析

集中式财务管理的优势主要体现在以下几个方面：首先，它提高了数据的一致性和准确性。由于所有数据都集中在一个中心进行处理，可以有效避免数据重复、错误或遗漏的问题，确保财务数据的真实可靠。其次，集中式管理有助于提升财务管理的效率。通过自动化和标准化的处理流程，可以大大减少人工干预和错误，加快财务处理速度。再次，集中式财务管理还能增强企业的风险控制能力。通过对财务数据的实时监控和分析，企业能够及时发现并解决潜在的财务风险，保障经营安全。最后，这种管理模式有助于企业实现更科学的决策。基于准确、全面的财务数据，企业能够做出更合理、更有效的经营决策，推动企业的持续发展。

3. 集中式财务管理在电子商务中的应用场景

在电子商务领域，集中式财务管理发挥着重要作用。首先，在订单处理方面，通过集中式财务管理系统，企业可以实时跟踪和记录每一笔订单的收入和支出情况，确保财务数据的准确性和完整性。这有助于企业及时了解经营状况，为决策提供有力支持。其次，在库存管理上，集中式财务管理能够帮助企业实时监控库存情况，包括库存数量、成本以及销售情况等。这有助于企业优化库存结构，降低库存成本，提高运营效率。再次，在客户支付与结算环节，集中式财务管理可以确保客户支付的准确性和安全性，同时简化结算流程，提升客户满意度。最后，在风险管理方面，通过集中式财务管理系统，企业可以及时发现并应对潜在的财务风险，如欺诈行为、坏账风险等，从而保障企业的财务安全。总之，集中式财务管理在电子商务中的应用场景广泛且重要，对于提高企业的财务管理效率和风险控制能力具有显著意义。

（二）电子商务对集中式财务管理的推动作用

1. 电子商务促进财务数据集中管理

电子商务的兴起极大地推动了企业财务数据的集中管理。在传统的商业模式下，财务数据可能分散在各个部门或地区，难以统一管理和分析。然而，电子商务通过其高效的信息化系统，使得财务数据能够实时、准确地汇集到中心数据库，实现了数据的集中存储和管理。这种集中化的数据管理不仅提高了数据的可访问性和可用性，还大大简化了数据处理的流程。此外，电子商务的运营模式也要求企业对财务数据进行精细化管理。在电子商务环境下，每一笔交易都被详细记录，包括交易时间、金额、客户信息等，这些信息对于分析销售趋势、客户行为以及优化库存管理至关重要。因此，电子商务的发展促使企业更加重视财务数据的集中管理，以便更好地利用这些数据来指导业务决策。

2. 电子商务在集中式财务管理中的技术支持

电子商务为集中式财务管理提供了强大的技术支持。首先，云计算技术的应用使得财务数据可以存储在远程的云端服务器上，这样无论企业规模如何扩大，都可以轻松应对数据存储和处理的挑战。云端存储还保证了数据的安全性，通过备份和恢复机制，有效防止数据丢失。其次，大数据分析技术也在集中式财务管理中发挥着关键作用。通过对海量财务数据的深入挖掘和分析，企业能够更准确地掌握经营状况，发现潜在的市场机会和风险。这种技术支持不仅提升了财务管理的智能化水平，还帮助企业做出更明智的决策。最后，电子商务平台的集成性也为集中式财务管理提供了便利。通过与供应链管理、客户关系管理等系统的无缝对接，财务数据可以与其他业务数据相互关联，为企业提供更全面的运营视图。这种技术整合不仅提高了工作效率，还加强了部门之间的协同合作，推动了企业的整体发展。

二、电子商务引起动态财务管理

（一）动态财务管理的内涵与重要性

1. 动态财务管理的内涵

动态财务管理是一种持续监控和调整企业财务状况的管理方法。它强调对企业财务活动的实时跟踪和分析，以便及时做出调整和优化决策。在动态财务管理中，财务数据不再是静止的、历史性的，而是不断更新的、反映当前财务状况的实时数据。这种管理方法的核心在于其灵活性和适应性，使企业能够迅速响应市场变化和内部运营需求，从而保持财务稳健和业务竞争力。

2. 动态财务管理对企业决策的支持作用

动态财务管理在支持企业决策方面具有显著作用。通过实时更新财务数据，动态财务管理为企业提供了准确的财务状况快照，帮助决策者了解企业当前的资金状况、成本结构和盈利能力。这些信息是制定有效战略和运营计划的基础。动态财务管理能够及时发现财务异常和风险点，为决策者提供预警，防止潜在问题的扩大。通过对历史数据和趋势的分析，动态财务管理有助于预测未来财务状况，为企业的长期规划和发展提供数据支持。

3. 动态财务管理与静态财务管理的区别

动态财务管理与静态财务管理在多个方面存在显著差异。在数据处理上，动态财务管理强调财务数据的实时更新和监控，而静态财务管理则主要关注历史数据的整理和分析。在决策支持上，动态财务管理提供的信息更加及时和准确，能够迅速反映市场变化和内部运营状况，从而支持更快速、更灵活的决策过程；而静态财务管理提供的信息相对滞后，可能无法及时反映最新情况。在风险管理方面，动态财务管理有助于及时发现和解决潜在的财务风险，而静态财务管理则可能在风险已经发生后才进行后知后觉的分析。因此，动态财务管理在现代企业中具有越来越重要的地位。

（二）电子商务对动态财务管理的促进作用

1. 电子商务实现财务数据的实时更新

电子商务通过高效的信息技术系统，实现了财务数据的实时更新，极大地促进了动态财务管理的实施。具体而言，电子商务平台能够自动收集和记录每一笔交易数据，包括订单信息、支付情况、物流状态等，这些数据通过系统后台实时同步到财务管理系统中。这样，财务人员可以随时查看最新的财务数据，了解企业的实时财务状况。此外，电子商务还利用了云计算和大数据技术，使得财务数据的处理和分析更加迅速和准确。云计算技术为数据存储和计算提供了弹性可扩展的资源，确保了在交易量大增时仍能实时处理财务数据。大数据技术则能对海量的财务数据进行深度挖掘，发现数据背后的规律和趋势，为动态财务管理提供有力支持。

2. 电子商务在动态预算管理和财务分析中的应用

电子商务在动态预算管理和财务分析中发挥着重要作用。在动态预算管理方面，电子商务平台提供了丰富的销售数据和客户反馈信息，使得企业能够根据实际情况灵活调整预算计划。例如，根据实时销售数据，企业可以及时调整生产计划、库存管理和市场营销策略，以确保预算的合理性和有效性。在财务分析方面，电子商务平台积累了大量的交易数据和客户行为数据，这些数据为财务分析提供了宝贵的素材。通过深入分析这些数据，企业可以了解客户的购买偏好、市场趋势以及产品的盈利情况等，从而做出更明智的财务决策。此外，电子商务平台还支持多维度的数据分析，如按地区、时间段、产品类型等进行数据切片和聚合，帮助企业更全面地掌握财务状况和市场动态。

三、电子商务引起在线财务管理

（一）在线财务管理的定义与发展趋势

1. 在线财务管理的定义及特点

在线财务管理，又称为网络财务管理，是指运用先进的网络技术和财务管理软件，实现企业财务活动的在线处理、实时监控和远程管理。其核心特点在于“在线”二字，即财务数据和管理流程均可通过网络实时访问和处理。这种管理方式打破了时间和空间的限制，使得企业财务活动更加透明、高效和便捷。在线财务管理不仅提升了数据处理的速度和准确性，还加强了企业内部各部门之间的协同合作，优化了资源配置。

2. 在线财务管理与传统财务管理的比较

与传统财务管理相比，在线财务管理具有显著的优势。首先，传统财务管理往往受限于时间和地点，而在线财务管理则实现了全天候、全球范围内的财务活动处理。其次，在线财务管理通过自动化和智能化的数据处理，大大提高了工作效率和准确性，减少了人为错误。再次，传统财务管理的报告和决策支持相对滞后，而在线财务管理则能提供实时的财务数据和分析报告，支持更快速、更科学的决策。最后，从安全性角度来看，在线财务管理采用了先进的数据加密和备份技术，确保了财务数据的安全性和完整性。

3. 在线财务管理的发展趋势分析

随着网络技术的不断进步和企业对财务管理效率的追求，在线财务管理呈现出以下发展趋势：一是移动化，即支持移动设备访问和处理财务数据，满足企业随时随地管理财务的需求；二是智能化，通过引入人工智能和大数据技术，实现财务数据的自动分析和预测，为企业提供更高级别的决策支持；三是集成化，将在线财务管理与其他企业信息系统（如 ERP、CRM 等）进行深度整合，实现数据的共享和协同工作；四是安全性增强，不断加强数据加密、身份验证等安全技术，确保在线财务管理的安全可靠。

（二）电子商务对在线财务管理的推动作用

1. 电子商务推动在线财务管理的发展

电子商务的兴起极大地推动了在线财务管理的发展。电子商务提供了便捷的在线交易平台和支付方式，使得企业财务数据可以实时更新和监控，这为在线财务管理提供了丰富的数据源和实时的管理需求。同时，电子商务的全球化特性要求财务管理能够适应跨国交易和多货币结算的复杂性，这也促进了在线财务管理系统的升级和完善。此外，随着电子商务技术的不断创新，如大数据分析、云计算等，为在线财务管理提供了更强大的技术支持，推动了其向更高效、智能化的方向发展。

2. 在线财务管理在电子商务中的具体应用

在线财务管理在电子商务中有着广泛的应用。首先，在订单管理方面，通过在线财务管理系统，企业可以实时跟踪订单状态、收款情况，确保交易流程的顺畅进行。其次，在库存管理上，通过实时财务数据监控库存情况，及时调整采购和销售策略，避免积压现象。再次，在客户关系管理中，利用财务数据对客户进行分类和分析，为客户提供个性化的服务和营销策略。最后，在风险管理方面，通过在线财务管理及时发现和预防潜在的财务风险，确保企业资金安全。

3. 电商企业借助在线财务管理提高运营效率

电商企业可以借助在线财务管理显著提高运营效率。首先，通过自动化的财务数据录入和处理，减少了人工操作的错误和延迟，提高了工作效率。其次，利用在线财务管理系统进行实时的财务分析和预测，帮助企业做出更明智的决策，优化资源配置。再次，通过在线财务管理实现跨部门的财务信息共享和协同工作，加强了企业内部的沟通和合作。最后，电商企业可以利用在线财务管理系统监控和评估营销活动的效果，及时调整策略以提高市场竞争力。电子商务通过提供实时的数据源、全球化的交易需求以及技术创新等方面推动了在线财务管理的发展。在线财务管理在电子商务中的应用广泛且深入，涉及订单管理、库存管理、客户关系管理以及风险管理等多个方面。电商企业借助在线财务管理可以显著提高工作效率、优化决策、加强内部协同以及提升市场竞争力。

四、电子商务引起协同化财务管理

（一）协同化财务管理的理念与实施要点

1. 协同化财务管理的概念及核心理念

协同化财务管理是一种强调企业内部各部门间财务资源整合、信息共享与协同工作的管理理念，其核心理念在于通过有效的协同机制，打破部门壁垒，实现财务资源的优化配置和高效利用。这种管理模式注重全局性和系统性的思考，旨在提高企业整体的财务管理效率和准确性，从而为企业创造更大的价值。协同化财务管理强调信息的网状联系、业务的关联思考以及资源的随需调配，确保企业在面对复杂多变的市场环境时能够迅速响应并做出科学决策。

2. 协同化财务管理的实施步骤和关键要素

实施协同化财务管理需要遵循一定的步骤和关键要素。首先，建立完善的财务信息共享平台是实现协同化的基础，确保各部门能够实时获取和更新财务数据。其次，明确各部门在财务管理中的职责和权限，形成有效的协同工作机制。再次，优化财务管理流程、加强财务风险防控、提高财务决策的准确性也是实施协同化财务管理的关键。最后，定期对协同化财务管理的效果进行评估和调整，以确保其持续有效地运行。

3. 协同化财务管理与其他管理模式的比较分析

协同化财务管理与其他管理模式相比具有显著优势。传统财务管理模式往往存在信息孤岛和决策滞后的问题，而协同化财务管理通过信息共享和协同工作解决了这些问题。与 ERP（企业资源计划）系统相比，协同化财务管理更加注重财务信息的实时性和准确性，以及各部门之间的紧密协作。此外，协同化财务管理还强调风险防控和决策支持，为企业提供更加全面和高效的财务管理解决方案。协同化财务管理以全局性和系统性的思考方式，通过信息共享、业务关联和资源随需调配等核心理念，提高了企业财务管理的效率和准确性。协同化财务管理在实施过程中需关注信息共享、职责明确、流程优化等关键要素，并与其他管理模式进行比较分析以凸显其优势。

（二）电子商务对协同化财务管理的促进作用

1. 电子商务助力企业财务管理的协同化

电子商务通过多个方面助力企业财务管理的协同化。一是通过提供一个集中的信息平台，电子商务使得财务数据和信息能够在企业内部各个部门之间实时共享，从而确保了数据的一致性和准确性。这种信息共享机制有助于各部门之间的协同工作，提高了财务管理的透明度和工作效率。二是电子商务的在线支付和结算功能简化了财务流程，减少了纸质文档的使用，加速了资金的流转，使得企业财务管理更加便捷和高效。此外，电子商务还推动了企业财务管理系统的升级和完善，通过引入先进的财务管理软件和技术，实现了财务管理的自动化和智能化，进一步提升了财务管理的协同化水平。

2. 协同化财务管理在电商供应链中的应用

协同化财务管理在电商供应链中发挥着重要作用。首先，通过协同化财务管理，电商企业能够实时监控供应链的财务状况，包括资金流向、成本控制等方面，从而做出更明智的决策。这有助于优化供应链的运营效率和成本控制，提高企业的盈利能力。其次，协同化财务管理促进了电商供应链中各环节的协同工作。通过共享财务信息，供应链上的各个环节能够更好地协同配合，减少信息不对称和沟通成本，提高整体运营效率。最后，协同化财务管理还有助于电商企业应对市场变化和风险。通过对供应链财务数据的实时分析和预测，企业能够及时发现问题并采取相应的应对措施，降低经营风险。

第二节　电子商务下的财务运营管理

一、财务管理理念的更新

（一）财务管理目标多元化

1. 利润最大化与股东财富最大化

在电子商务环境下，企业的经营环境和商业模式发生了深刻变化，这也对企业的财务管理提出了新的挑战和要求。传统的以利润最大化为唯一目标的财务管理理念已经不再适用，取而代之的是更加多元化和综合化的管理目标。特别是，企业如今不仅追求利润最大化，更要关注股东财富最大化。股东作为企业的投资者和所有者，他们的利益与企业的长期发展紧密相连。因此，在制定财务策略时，企业必须站在股东的角度，全面考虑如何优化资源配置、提高运营效率，以确保股东价值的持续增长。这要求财务管理者具备前瞻性的战略眼光和精细化的管理能力。他们需要通过深入分析市场环境、行业竞争态势以及企业自身的优势和劣势，制定出既符合企业实际情况又能促进股东价值增长的财务策略。同时，财务管理者还需要密切关注市场动态，及时调整财务策略，以应对可能出现的风险和挑战，确保企业财务管理的稳健和高效，从而实现股东财富的长期稳定增长。

2. 风险管理与内部控制

随着电子商务的迅猛发展，企业在享受其带来的便捷与高效的同时，也面临着前所未有的风险挑战。这些风险不仅来自市场竞争的加剧、消费者需求的多变，还源于网络安全、数据保护等多个方面。因此，财务管理在现代企业中扮演着更为关键的角色，它不再仅仅局限于传统的记账和核算，而是需要更多地关注风险管理和内部控制。为了应对这些风险，企业必须建立完善的风险管理体系。这意味着要对各种潜在风险进行全面识别、评估，并制定相应的应对策略。财务管理部门需要与市场、运营等部门紧密合作，共同分析市场动态，预测可能的风险点，从而及时调整财务策略，确保企业资金的安全与增值。同时，内部控制制度也是确保企业财务活动合规性和安全性的关键。通过制定严格的审批流程、明确各岗位的职责权限，以及建立有效的监督机制，可以大大降低内部舞弊和错误发生的概率。此外，定期的内部审计和风险评估也是必不可少的环节，它们能够帮助企业及时发现并解决财务管理中存在的问题，从而保障企业的稳健运营。

3. 社会责任与可持续发展

在电子商务时代，随着全球化和信息化的加速推进，企业的运营模式和商业环境都发生了深刻的变化。在这样的背景下，企业的社会责任和可持续发展能力逐渐凸显出其重要性，并成为财务管理中不可忽视的重要目标。环境保护作为当今社会最为关注的议题之一，已经越来越受到企业的重视。企业开始将环保理念融入财务管理中，通过优化资源配置、降低能耗、减少排放等措施，积极履行环保责任。这不仅有助于改善企业的环保形象，还能为企业带来实实在在的经济效益。同时，社会公益也是企业财务管理中需要关注的重要方面。企业通过参与公益活动、支持慈善事业等方式，回馈社会，展现企业的社会担当。这不仅能够提升企业的社会影响力，还能增强员工对企业的认同感和归属感，进而促进企业的长期发展。

（二）财务管理模式的更新

1. 集中式财务管理模式

在电子商务环境下，企业财务管理的模式正经历着深刻的变革。集中式财务管理模式作为一种高效且现代化的管理方式，正逐渐成为主流。这种模式的核心在于建立一个集中的财务管理中心，以实现对整个企业财务活动的统一管理和全面监控。通过集中式管理，企业能够更有效地整合财务资源，确保财务数据的准确性和一致性。这不仅包括日常的财务核算和报告，还涉及资金筹措、成本控制、税务筹划等关键领域。由于所有数据和信息都汇集到一个中心进行处理，因此大大减少了数据重复录入和错误的可能性，提高了财务管理的整体效率。此外，集中式财务管理模式还有助于降低财务风险。通过实时的数据监控和分析，企业能够更快速地识别出潜在的财务风险点，从而采取相应的预防措施。同时，集中的管理方式也强化了内部控制，减少了财务舞弊的可能性。

2. 网络化财务管理模式

网络化财务管理模式使得企业能够充分利用互联网的高效性和便捷性，实现财务数据的实时收集、快速处理与深入分析。这一创新模式为企业提供了及时、准确的财务信息，帮助管理者做出更为明智的决策。通过网络平台，企业可以随时随地获取最新的财务数据，无论是销售收入、成本支出，还是库存情况，所有信息都一目了然。这种透明化的数据管理不仅提高了决策的效率，还确保了决策的准确性。此外，实时的数据更新也让企业能够迅速应对市场变化，把握商机。网络化财务管理模式极大地促进了企业内部各部门之间的沟通与协作。在传统的财务管理模式下，部门间的信息壁垒常常导致数据不一致和决策延误。而现在，通过共享的网络平台，各部门可以即时查看和更新财务数据，确保了信息的同步性和一致性。这种跨部门的协同工作不仅提升了企业的整体运营效率，还加强了团队的凝聚力和执行力。

3. 智能化财务管理模式

随着科技的飞速发展，人工智能技术已逐渐渗透到各个领域，财务管理领域也不例外。智能化财务管理模式的兴起，正是人工智能技术应用的典型体现。通过引入先进的智能算法和数据分析技术，这一模式实现了财务管理的自动化和智能化，为企业财务管理带来了革命性的变化。在智能化财务管理模式下，繁琐的数据录入、核对等重复性工作被自动化取代，大大提高了工作效率。同时，智能算法的应用使得财务数据分析更为精准，能够为企业揭示出隐藏在数据背后的深层规律和趋势。这不仅提升了财务管理的准确性，还为企业制定更为科学合理的财务策略提供了有力支持。智能化财务管理模式还能为企业提供更高级别的决策支持。通过深度学习和大数据分析，系统能够预测市场走势，评估投资风险，从而帮助企业做出更为明智的决策。这种前瞻性的决策支持，无疑将大幅提升企业的竞争力和市场适应能力。

二、财务管理方式的变化

（一）从传统到电子化的转变

在财务管理的发展历程中，从传统的纸质记录到电子化管理的转变可谓是一次重大的革新。传统的财务管理方式主要依赖于纸质账本和手工记录，这种方式不仅效率低下，而且容易出错，数据的保存和查询也相当不便。然而，随着科技的发展，电子化管理逐渐取代了传统方式，使得财务管理变得更加高效和准确。电子化管理的核心在于利用计算机技术和相关软件来处理和存储财务数据。通过这种方式，财务人员可以轻松地录入、查询和分析数据，大大提高了工作效率。此外，电子化管理还具备更好的数据安全性，通过加密和备份技术，可以有效防止数据丢失或被篡改。这种转变不仅优化了财务管理流程，还为企业提供了更加可靠和及时的财务信息，有助于企业做出更明智的决策。电子化管理还推动了财务管理的标准化和规范化。通过统一的电子模板和格式，可以确保财务数据的规范性和一致性，便于企业内部的比较和分析。同时，这也为企业与外部合作伙伴的交流提供了便利，促进了信息的共享和协同工作。

（二）实时财务管理的重要性

随着市场竞争的加剧和商业环境的快速变化，企业需要及时、准确地掌握自身的财务状况，以便做出迅速而明智的决策。实时财务管理正是为了满足这一需求而诞生的。实时财务管理的核心在于利用先进的技术手段，实现财务数据的即时更新和查询。这意味着财务人员可以随时获取最新的财务数据，包括收入、支出、利润等关键指标，从而对企业的财务状况进行实时监控和分析。这种管理方式不仅提高了财务信息的透明度，还确保了数据的时效性和准确性。通过实时财务管理，企业可以及时发现和解决财务问题，避免风险的积累和扩大。例如，当某个项目的支出超过预算时，实时财务管理系统可以立即发出警报，提醒管理人员采取行动。此外，实时财务管理还有助于企业优化资金配置，提高资金使用效率，从而增强企业的竞争力和盈利能力。

（三）跨部门协同的财务管理

在现代企业中，财务管理已经不再是财务部门孤军奋战的工作，而是需要与其他部门紧密合作、协同完成的工作。跨部门协同的财务管理强调各部门之间的信息共享、沟通和协作，以确保企业财务活动的顺利进行。跨部门协同的财务管理有助于打破部门壁垒，促进信息的流通和共享。通过建立一个统一的财务管理平台，各部门可以及时上传和查询财务数据，确保信息的准确性和一致性。这种协同工作方式不仅提高了财务管理的效率，还加强了部门之间的信任和合作。此外，跨部门协同的财务管理还有助于企业实现整体战略目标。通过整合各部门的资源和信息，企业可以更好地制定和执行财务计划，优化资源配置，提高运营效率。同时，这种管理方式也有助于企业及时发现和解决潜在的财务风险，确保企业的稳健发展。

三、财务管理软件的更新

（一）软件功能的不断升级与完善

随着技术的不断进步和财务管理的日益复杂化，财务管理软件的功能也在不断升级与完善。现代财务管理软件已经远非简单的记账工具，而是融合了数据分析、预测模型、风险管理等多种功能的综合性系统。这些功能的增强，使得财务管理更加精细化、智能化。例如，现代财务管理软件通常配备了强大的报表分析工具，能够自动生成各类财务报表，如资产负债表、利润表和现金流量表等，极大地提高了财务工作的效率和准确性。同时，这些软件还能进行多维度的数据分析，帮助企业更好地理解财务状况，发现潜在的风险和机会。此外，现代财务管理软件还引入了预测模型，能够根据历史数据预测未来的财务走势，为企业的战略规划和决策提供有力支持。这些功能的不断完善，使得财务管理软件成为企业不可或缺的管理工具。

（二）云端财务管理软件的应用趋势

随着云计算技术的快速发展，云端财务管理软件正逐渐成为主流。云端软件的优势在于其高度的灵活性和可扩展性，用户无需安装任何本地软件，只需通过互联网即可随时随地访问财务数据和管理工具。云端财务管理软件不仅降低了企业的 IT 成本，还大大提高了数据的安全性和可靠性。通过云端存储，企业的财务数据得到了更好的保护，即使发生硬件故障或自然灾害，数据也能得到迅速恢复。同时，云端财务管理软件还支持多用户同时在线操作，促进了团队协作和信息共享。这种集中化的管理方式使得企业能够更加高效地监控和协调财务活动，确保财务数据的实时性和准确性。

（三）个性化定制满足企业特定需求

每个企业的财务管理需求都是独特的，因此财务管理软件的个性化定制变得越来越重要。现代财务管理软件通常提供灵活的配置选项和定制服务，以满足企业的特定需求。例如，软件可以根据企业的业务流程和审批机制进行定制，确保财务管理流程与企业的实际运营相匹配。此外，软件还可以根据企业的报表需求和数据展示偏好进行个性化设置，提供更加直观和有用的财务信息。个性化定制不仅提高了财务管理软件的实用性和用户体验，还使得企业能够更好地利用软件功能来支持其战略目标的实现。通过定制化的财务管理软件，企业可以更加精准地监控财务状况，优化资源配置，提高运营效率，从而在激烈的市场竞争中获得更大的竞争优势。

四、建立并完善财务管理信息系统

（一）整合财务数据与信息的关键性

在现代企业管理中，财务数据与信息的整合具有至关重要的意义。一个完善的财务管理信息系统，首要任务就是实现财务数据和信息的全面整合。

这种整合不仅涉及企业内部各个部门之间的财务数据流通，还包括与外部供应商、客户以及合作伙伴之间的财务信息交互。通过整合，企业能够确保财务数据的一致性和准确性，避免因信息孤岛而导致的数据重复、冲突或遗漏。同时，整合后的财务数据为企业提供了更为全面的运营视角，帮助企业更好地理解自身的财务状况和经营成果。此外，整合后的财务数据还有助于企业发现潜在的财务风险和经营问题，从而及时采取措施进行防范和纠正。

（二）实时财务报告与分析系统的构建

实时财务报告与分析系统是财务管理信息系统的重要组成部分，这一系统能够为企业提供及时、准确的财务数据和分析结果，帮助企业迅速了解自身的财务状况和经营绩效。通过实时财务报告系统，企业可以随时查看最新的财务报表，如资产负债表、利润表和现金流量表等，确保企业实时了解自身财务状况。同时，分析报告系统则能够对这些财务数据进行深入挖掘和分析，为企业提供更为详细和深入的运营洞察。这种实时性的财务报告与分析系统，不仅提高了企业财务管理的透明度和效率，还为企业决策者提供了宝贵的信息支持。企业可以根据实时的财务数据和分析结果，及时调整经营策略，优化资源配置，以应对市场的快速变化。

（三）财务管理信息系统的持续优化

财务管理信息系统并非一成不变，而是需要随着企业业务的发展和市场环境的变化进行持续优化。这种优化不仅包括系统功能的升级和完善，还涉及数据处理和分析能力的提升。在功能优化方面，企业需要根据实际需求不断调整和增加系统的功能模块，确保系统能够满足企业日益复杂的财务管理需求。例如，随着企业业务的拓展，可能需要增加多币种处理、跨国财务管理等功能。在数据处理和分析能力方面，企业需要不断提升系统的性能和准确性。这包括增强系统的数据处理能力，以便更快地生成财务报告和分析结果；同时，还需要提高数据分析的深度和广度，为企业提供更为精准和有价值的运营洞察。通过持续优化财务管理信息系统，企业可以确保系统始终与自身的财务管理需求保持同步，为企业的长期稳健发展提供有力保障。

五、健全财务信息安全防范体系内部控制

（一）加强财务数据的安全防护措施

为确保财务数据的机密性、完整性和可用性，企业必须加强财务数据的安全防护措施。这包括但不限于采用先进的加密技术来保护存储和传输中的数据，以防止未经授权的访问和泄露。同时，实施严格的访问控制策略也是必不可少的，确保只有经过授权的人员才能访问财务数据。此外，企业应定期备份数据并存储在安全可靠的位置，以防数据丢失或损坏。通过这些措施，企业可以大大降低财务数据被篡改、窃取或破坏的风险。

（二）内部控制流程的优化与监督

优化和监督内部控制流程是确保财务信息安全的关键环节，企业应建立一套完善的内部控制体系，明确各项财务活动的操作流程和责任分工。这包括规范财务数据的录入、审核、修改和删除等操作，确保每一步操作都有明确的授权和记录。同时，加强内部监督，定期对内部控制流程进行检查和评估，及时发现并纠正可能存在的问题。通过不断优化和监督内部控制流程，企业可以提高财务管理的透明度和效率，有效降低财务风险。

（三）定期安全审计与风险评估机制

为确保财务信息安全防范体系的有效性，企业应建立定期安全审计和风险评估机制。安全审计旨在检查现有的安全防护措施是否得当，是否存在潜在的安全漏洞，以及员工是否严格遵守相关安全规定。通过审计，企业可以及时发现并解决安全问题，确保财务数据的安全。同时，风险评估机制有助于企业识别和评估潜在的财务风险，从而制定相应的应对措施。这种机制应包括定期评估财务信息的保密性、完整性和可用性，以及分析外部威胁和内

部脆弱性等因素。通过结合安全审计和风险评估的结果，企业可以不断完善财务信息安全防范体系，确保其持续有效地保护财务数据的安全。

第三节　电子商务企业的融资管理

一、电子商务企业的融资特点

（一）融资需求的时效性

1. 快速成长带来的资金需求

电子商务企业在初创期和成长期往往呈现出迅猛的发展势头，随着用户规模的扩大、业务范围的增加以及市场份额的提升，企业需要大量的资金来支持其快速扩张。这些资金主要用于技术研发、市场推广、人才招聘和基础设施建设等方面。由于成长速度快，资金需求的时效性尤为突出，企业必须在短时间内筹集到足够的资金，以确保业务的顺利推进。若资金筹集不及时，可能导致企业错失市场良机，甚至影响企业的生存和发展。

2. 市场机会窗口的短暂性

在竞争激烈的电子商务市场中，市场机会窗口往往十分短暂，如一个创新的业务模式或产品一经推出，很快就会被竞争对手模仿或超越。因此，电子商务企业需要迅速抓住市场机会，通过融资来加速产品的研发和推广，以抢占市场份额。这就决定企业融资需求具有很高的时效性，一旦错过最佳融资时机，可能会使企业陷入被动局面，甚至被市场淘汰。

（二）轻资产运营模式的影响

1. 无形资产占比高

电子商务企业通常采用轻资产运营模式，即注重品牌、技术、专利等无形资产的价值创造。这些无形资产在企业总资产中占有较高比例，而传统的融资方式往往更看重有形资产，如厂房、设备等。因此，电子商务企业在融资过程中需要更加注重无形资产的评估和展示，以便更好地满足融资需求。同时，这也要求投资者具备对无形资产的识别和评估能力，以便更准确地评估企业的价值和潜力。

2. 传统融资渠道的局限性

对于轻资产运营的电子商务企业来说，传统的融资渠道（如银行贷款等）往往存在较大的局限性。由于轻资产运营模式下企业的固定资产较少，难以提供足够的抵押物或担保物来获得银行贷款。此外，传统融资渠道对企业的财务状况、经营历史和信用记录等方面要求较高，这对于初创期或成长期的电子商务企业来说是一个不小的挑战。因此，电子商务企业需要寻求更加灵活和创新的融资方式，如风险投资、私募股权等，以满足其特定的融资需求。这些融资方式更加注重企业的成长潜力和市场前景，而非仅仅关注企业的有形资产和财务状况。

（三）风险评估的复杂性

1. 业务模式的创新性

电子商务企业的业务模式往往具有高度的创新性，这一点显著增加了风险评估的复杂性。这类企业不仅挑战了传统的商业模式，更通过运用先进的互联网技术，打造出了全新的市场格局。然而，正是由于这种业务模式的非传统性和新颖性，使得对其进行全面、准确的风险评估变得尤为困难。具体来说，电子商务企业所采用的独特商业模式和运营策略，很多时候都超越了传统行业的框架和思维模式。这导致传统的风险评估方法和模型在应用于这些企业时，可能无法精确地捕捉到其潜在的风险点和盈利机会。因此，投资者在对电子商务企业进行投资评估时，必须更加深入地了解其业务模式的细节和特性，包括对企业的市场定位进行精准把握，了解其产品或服务在市场上的独特卖点和竞争优势；同时，还需要详细剖析企业的盈利模式，看其是否具备持续性和增长性。此外，对客户群体的分析也是不可或缺的一环，通过了解客户的需求、偏好以及消费能力，可以更好地预测企业的市场前景和销售趋势。

2. 数据安全和隐私保护的考量

在数字化时代，数据安全和隐私保护的重要性日益凸显，尤其是对于电子商务企业而言。这些企业在日常运营中涉及大量的用户数据，包括但不限于个人信息、交易详情等高度敏感的信息。这些数据的处理与存储，不仅关乎用户的隐私权益，还直接影响着企业的信誉和市场地位。鉴于此，电子商务企业必须严格遵守相关的数据保护和隐私法规，确保用户数据得到妥善保管，防止任何形式的泄露或滥用。这不仅仅是法律要求，更是企业赢得用户信任、建立良好品牌形象的关键。在风险评估的环节，投资者应当对企业的数据安全和隐私保护策略进行详尽的审查。这包括但不限于了解企业如何收集、存储、使用和销毁用户数据，以及企业在面对数据泄露等紧急情况时的应对措施。投资者需要确保这些措施既符合相关法律法规的要求，又能在实际操作中有效执行，从而保障用户数据的安全。

（四）融资结构的灵活性

1. 股权与债权融资的平衡

电子商务企业在寻求融资的过程中，灵活调整股权和债权融资的比例显得尤为重要，这是实现融资结构优化的关键。股权融资作为一种通过引入新投资者来增加企业资本的方式，其优势主要有：能够为企业注入新的资金，有助于企业拓展业务、加强研发或进行市场推广。然而，这种融资方式也伴随着一个潜在的缺点，即原有股东的股权可能会被新进入的投资者稀释，从而影响其对企业的控制权和决策权。相对而言，债权融资则是通过借款的方式为企业提供资金支持。这种方式的好处是企业无需出让股权，从而保持了原有股东的控制权。但债权融资也有其挑战，即企业需要承担债务偿还的责任，并支付相应的利息，这可能会增加企业的财务压力。在选择融资方式时，企业必须全面考虑自身的财务状况、当前的市场环境以及未来的发展规划。

股权融资的一个典型案例是武汉钢铁（集团）上市。武钢股份是武钢集团控股的一家上市公司，1997 年 11 月 7 日，公司经国家经济体制改革委员会〔19971164〕号文批准，由武汉钢铁集团公司作为发起人，将其下属的冷轧薄板厂（含涂层带钢车间）和冷轧硅钢片厂的全部经营性资产投入，采用发起设立方式成立。武钢股份上市时，仅将集团公司钢铁业务最后端的冷轧工序与生产资产注入公司上市，此次增发新股完成收购后，公司将由一家钢材加工企业转变为拥有炼铁、炼钢、轧钢等一整套完整钢铁生产工艺流程的大型钢铁联合企业。作为一项创新再融资举措，武钢股份开创了大型国企整体上市的新模式。武钢股份的创新融资方案既增发暂不流通的国有法人股，也增发了流通股，同时还实现了大股东主业的整体上市。这一模式照顾到了上市公司、中小股东和大股东等各方面的利益，形成了一个明显的多赢格局。这一创新融资模式为大型国企解决体制及历史遗留问题，实现整体上市提供了一个成熟的操作案例。

2. 融资轮次的策略性安排

电子商务企业在其不同的发展阶段，往往需要进行多轮次的融资以满足不断变化的资金需求。这种融资不仅是为了维持企业的日常运营，更是为了推动企业的持续成长和扩张。而每一轮融资的策略性安排，都直接关系到企业的长远发展和市场竞争力。在制定融资计划时，企业必须全面考虑自身的资金需求，包括了解企业当前的运营状况、未来的发展规划以及可能面临的市场风险。同时，企业还需密切关注市场机会，以便在合适的时机进行融资，从而最大化资金的使用效率。此外，投资者的意愿也是制定融资计划时必须考虑的重要因素。企业需要了解投资者的投资偏好、风险承受能力和收益期望，以便制定出既能满足企业自身需求，又能吸引投资者的融资方案。

二、电子商务企业的融资方式及选择

（一）常见的融资方式

1. 风险投资（VC）

风险投资是一种专门针对初创企业和高成长潜力企业的融资方式。风险投资公司会为创业公司提供资金支持，并通常会在企业管理、市场拓展等方面提供积极的帮助。对于电子商务企业来说，风险投资不仅提供了必要的运营资金，还带来了行业经验和业务指导，有助于企业快速成长。然而，风险投资往往要求较高的回报，并在企业成熟后通过上市或被收购等方式退出，以实现投资回报。

2. 私募股权投资（PE）

私募股权投资主要针对的是已有一定规模和稳定盈利能力的企业，与风险投资不同，私募股权投资更注重企业的长期价值和稳定增长。私募股权投资者通常会通过购买企业的股权来为企业提供资金支持，并参与企业的战略规划和运营管理。对于电子商务企业来说，私募股权投资可以提供更为稳定和长期的资金支持，有助于企业实现可持续发展。私募股权投资的典型案例是阿里巴巴。

阿里巴巴创造了亚洲最独特的 B2B 电子商务模式，不是 Business to Business，而是 Businessman to Businessman（商人对商人）。阿里巴巴的飞速发展吸引了风险投资家们的目光，1999 年 10 月，由高盛（Goldman Sachs）牵头，联合美国、亚洲、欧洲一流的基金公司汇亚（Transpac）、新加坡科技发展基金（Technology Development Fundof Singapore）、瑞典 Investor AB 和美国 Fidelity 的参与，向阿里巴巴投资总计 500 万美元。2000 年 1 月 18 日，软银向阿里巴巴注资 2000 万美元，这是阿里巴巴历史上第二轮私募。2002 年 2 月，日本亚洲投资公司与阿里巴巴签署投资协议，投入 500 万美元的战略投资。2004 年 2 月 18 日，包括软银、美国 Fidelity、Granite Global Ventures（GGV）和新加坡科技发展基金在内的 4 家基金共向阿里巴巴投资 8200 万美元，成就了中国互联网行业最大的私募投资。

3. 天使投资

天使投资是一种个人对初创企业进行投资的方式。天使投资人通常是在某个领域具有丰富经验和资源的个人，他们不仅为企业提供资金支持，还会在战略规划、团队建设等方面提供指导。对于电子商务企业来说，天使投资是一种灵活且高效的融资方式，有助于企业在初创阶段快速获得所需资源。

4. 众筹

众筹是一种通过互联网平台筹集资金的方式，允许广大网友为项目或创意提供资金支持。众筹的优点在于能够迅速聚集小额资金，并且可以让更多人了解和关注企业。对于电子商务企业来说，众筹不仅可以筹集资金，还可以作为一种市场推广手段，提高企业的知名度和影响力。

5. 银行贷款

银行贷款是一种传统的融资方式，企业可以通过向银行申请贷款来获得资金支持。银行贷款的优点在于资金成本相对较低，且还款期限和利率较为明确。然而，对于电子商务企业来说，由于轻资产运营和创业初期的不确定性，获得银行贷款的难度可能较大。因此，企业在考虑银行贷款时，需要充分评估自身的还款能力和信贷条件。

（二）融资方式的选择依据

1. 企业发展阶段的适配性

在选择融资方式时，电子商务企业首先要考虑的是自身的发展阶段。初创期的企业往往规模较小、资金流紧张，更适合选择风险投资或天使投资等灵活且资金能够快速到位的融资方式。这些投资者通常对高风险、高回报的项目感兴趣，愿意为初创企业提供资金支持。而随着企业进入成长期和成熟期，私募股权、银行贷款等融资方式可能更为合适，因为这些方式通常能提供更大规模的资金，有助于企业进一步扩张和巩固市场地位。因此，企业需要根据自身的发展阶段来选择最合适的融资方式。

2. 融资成本与效益的权衡

融资成本与效益的权衡是选择融资方式时的另一个重要考虑因素，不同的融资方式有着不同的成本结构，包括利息、股权稀释、手续费等。企业在选择融资方式时，需要综合考虑这些成本因素，以及融资所能带来的预期效益。例如，股权融资虽然无需支付利息，但可能导致原有股东的股权被稀释；而债权融资虽然需要支付利息，但不会影响股权结构。因此，企业需要在融资成本与效益之间找到最佳平衡点，以实现最大化的融资效益。

3. 投资者资源与专业性的考量

一些投资者，特别是风险投资和私募股权投资者，通常具有丰富的行业经验和资源网络，能够为企业提供有价值的战略建议、市场渠道和人才引荐等支持。这些资源和专业性支持对于企业的快速发展至关重要。因此，在选择融资方式时，企业需要评估不同投资者所能提供的资源和专业性支持，并选择那些能够为企业带来最大附加价值的投资者和融资方式。

三、电子商务企业融资后资金运用与监控

（一）资金运用的战略规划

1. 扩张与市场份额的提升

在电子商务领域，扩张与市场份额的提升是资金运用的重要战略规划之一。企业可以利用资金进行地域扩张，将业务拓展至更广泛的市场，从而增加潜在客户群和销售渠道。此外，资金还可用于加大市场营销力度，通过优惠活动、广告投放等手段吸引更多消费者，提升品牌知名度和市场占有率。这种战略规划有助于企业在竞争激烈的市场中脱颖而出，实现持续增长。

2. 技术研发与产品创新的投入

技术研发与产品创新是电子商务企业持续发展的关键，资金应投入到研发新产品、优化现有产品以及提升技术水平上。通过不断创新，企业可以推出更具竞争力的产品和服务，满足消费者日益多样化的需求。同时，技术研发还有助于提升企业的运营效率和服务质量，从而增强客户满意度和忠诚度。这种战略规划能够确保企业在科技日新月异的时代保持领先地位。

3. 品牌建设与市场推广

品牌建设和市场推广对于电子商务企业来说至关重要，资金应用于塑造独特的品牌形象，提升品牌价值和知名度。通过精准的市场定位、创意的广告宣传以及有效的公关活动，企业可以在消费者心中留下深刻印象。此外，资金还可用于开展线上线下营销活动，扩大市场份额，吸引更多潜在客户。

这种战略规划有助于企业在激烈的市场竞争中占据有利地位。

4. 运营优化与效率提升

运营优化和效率提升是电子商务企业实现可持续发展的基础，资金应投入到改进内部管理流程、提升物流配送效率、优化客户服务等方面。通过引进先进的管理系统和技术手段，企业可以降低成本、提高工作效率，从而提升整体运营水平。这种战略规划不仅有助于提升客户满意度，还能为企业创造更大的利润空间。

（二）资金监控的机制建立

1. 预算管理与执行跟踪

预算管理是资金监控的基石，涉及企业运营活动的方方面面，通过设定明确的预算目标，企业可以合理分配资金，确保各项支出都在可控范围内。执行跟踪则是对预算实施过程的监督，通过定期对比实际支出与预算，及时发现偏差并做出调整。这种机制不仅有助于企业保持财务稳健，还能提升资金使用的透明度和效率。通过持续跟踪预算执行情况，企业可以不断优化预算计划，更好地应对市场变化和经营风险。

2. 现金流预测与风险预警

现金流预测是企业资金监控的重要组成部分，通过对未来现金流的预测，企业可以合理安排资金使用，确保在关键时刻有足够的资金支持运营。同时，风险预警机制的建立也是至关重要的。当现金流出现异常波动或潜在风险时，预警机制能够及时发现并提醒管理层采取应对措施。这种机制有助于企业在面临资金压力时迅速作出反应，保障企业的正常运营和持续发展。

3. 内部审计与合规性检查

内部审计是资金监控中不可或缺的一环。通过定期对企业的财务状况、业务流程和管理制度进行全面审查，内部审计可以发现潜在的问题和风险点，并提出改进建议。合规性检查则是对企业运营过程中是否遵守相关法律法规和行业标准的核查。这种机制有助于确保企业在追求经济效益的同时，也符合法律法规的要求，避免因违规行为而带来的法律风险和经济损失。通过内部审计与合规性检查，企业可以不断完善内部管理，提升运营效率和风险防范能力。

第四节　电子商务下的税收管理

一、电子商务税收概述

（一）电子商务税收的定义与特点

1. 电子商务税收的基本概念

电子商务税收，这一涵盖了在电子商务活动中产生的各类税收的概念，已经随着互联网的广泛普及和电子商务的迅猛崛起，逐渐成为现代税制中不可或缺的一环。它不仅包括商品销售税，还涉及通过网络提供的各种服务税。与传统商业模式下的税收相比，电子商务税收有其独特性，在征税方式和税率上存在差异。电子商务税收的概念深入揭示了税收法规在电子商务这一新兴领域中的实际应用，同时也折射出电子商务的蓬勃发展对现有的税收制度和政策带来的深远影响。这种影响不仅仅局限于税制的调整，更深层次地，它推动了整个社会对电子商务的认知和接纳，为电子商务行业的持续、健康发展奠定了坚实的税制基础。

2. 电子商务税收的独特性

电子商务税收的独特性显而易见，主要体现在其跨国交易的特性上。首先，在全球化的大背景下，电子商务使得商品和服务能够轻易地跨越国界，这自然带来了税收协调的复杂性。不同国家之间的税收制度、税率以及税收优惠政策都存在差异，如何在这样一个多元化的税收环境中确保税收的公平与合理，避免双重征税，成为亟待解决的问题。其次，电子商务的虚拟性和匿名性特点也为税收征管带来了前所未有的挑战。传统的税收征管方式在面对电子商务时显得捉襟见肘，这促使税务部门必须依赖更为先进的技术手段来进行有效的监控和管理。最后，随着数字化产品和服务的普及，如何对这类新型商品和服务进行合理课税，也成了电子商务税收领域的新课题。这无疑需要对现有的税收法规进行细致的梳理和适当的调整。鉴于这些独特性，电子商务税收已然成为一个研究内容丰富、挑战性强的领域，需要政府、企业和学术界的携手合作，共同探索和实践，以确保现代税收制度的公正、高效与健全。

（二）电子商务对税收管理的影响

1. 电子商务对传统税收模式的挑战

长久以来，传统税收体系主要围绕着实体交易与明确的地理位置进行构建，但电子商务所展现的跨地域交易与虚拟化运营彻底打破了这一固有框架。网络交易的匿名特性及其难以捉摸的交易轨迹，为税务部门设置了重重障碍，使得准确识别纳税人身份及交易细节变得异常困难，这无疑加剧了税收的执行难度。更为复杂的是，电子商务中涉及的数字化商品和服务，如电子书、在线音乐、软件等，其税收适用性也引发了广泛争议。这些新型产品既不同于传统商品，也与传统服务有所区别，如何合理地对它们进行课税，成为税务管理领域的新难题。电子商务不仅从识别纳税人、界定税基、追踪交易等多个角度向传统税收模式发起了挑战，更在税种适用性、税收征管方式等方面提出了深刻的改革要求。

2. 电子商务带来的税收机遇

电子商务的蓬勃发展，虽然为税收管理带来了一系列的挑战，但同时也为税收体系注入了新的活力和机遇。随着电子商务的推进，商品与服务的流通得到了前所未有的加速与拓展，这不仅使税基得到了实质性的扩宽，更为税收的稳步增长注入了新的动力源泉。众多企业响应电子商务的潮流，纷纷将业务重心向线上转移，这样的转变无疑为税务部门开辟了新的税源渠道。值得一提的是，电子商务的繁荣不仅带来了税源的增加，更在技术上推动了税收征管方式的革新。在大数据、云计算等前沿信息技术的助力下，税务部门能够大幅提升税收征管的效能与精确度。深入的数据分析与挖掘使得税务部门能够更为精准地评估各类税源，及时发现并制止潜在的逃税行为，从而确保税收的应收尽收。因此，从更宏观的视角来看，电子商务的崛起既为税务系统带来了新的税源，也为税收征管的科技化、现代化提供了难得的契机。

二、电子商务税收征管技术

（一）电子发票管理技术

1. 电子发票的生成与传递

电子发票的生成及其传递流程，在电子商务税收征管中占据了举足轻重的地位，每当电子商务交易成功达成，电子发票便作为这一交易的直接证据而出现。它的生成并不是随意的，而是必须遵循一系列明确且细致的规范和标准。借助专门的电子发票系统，卖家在确认交易圆满结束后，可以迅速地为买家生成电子发票。这一自动化的过程不仅大幅提升了发票处理的效率，更从根本上保障了发票信息的准确无误和全面完整。在电子发票的传递环节，先进的加密技术被广泛应用，以确保信息的绝对安全。这样的技术手段能够有效地防止发票信息在传递过程中被不法分子篡改或窃取，为交易双方提供了坚实的信息安全保障。更为便捷的是，买家可以随时通过网络平台在线预览和下载自己的电子发票，这无疑为交易双方的财务管理带来了前所未有的便利，也使得整个电子商务流程更加高效和透明。

2. 电子发票的验证与存储

电子发票的验证与存储环节对于确保发票的真实性和合法性而言，具有至关重要的意义。验证过程涵盖了对发票来源的严格甄别、内容和格式的细致核查，以及数字签名的有效性确认。这一系列步骤的实施，旨在从源头上杜绝假发票和重复报销等不法行为的发生。通过采用专门的验证系统，这些复杂的验证工作得以迅速且精准地完成，大大提高了验证的效率和准确性。与此同时，电子发票的安全存储同样不容忽视。高可靠性的存储设备和技术被广泛应用于电子发票数据的保存，以确保这些重要数据在未来长时间内都能被方便地访问和读取。此外，为了进一步完善发票管理体系，还需建立起一套完备的管理制度和流程。这包括定期的数据备份机制，以防数据意外丢失；同时，灾难恢复计划的制定也是必不可少的，它能在极端情况下迅速恢复数据，从而最大程度地减少损失。这些措施共同构成了保障电子发票安全存储的坚固防线。

（二）数据监控与分析技术

1. 交易数据的实时监控

在电子商务税收征管领域，交易数据的实时监控发挥着举足轻重的作用，是预防税收逃避和保障税收合规性的核心措施。借助信息技术手段，税务部门能够即时捕捉、详尽记录并深入分析在电子商务平台上产生的每一笔交易数据。这种全方位的监控不仅使得每一笔交易的细节都无所遁形，包括涉及的交易双方的具体信息、交易的确切金额以及商品或服务的具体类型等，更能够迅速识别出异常交易行为。例如，频繁出现的大额交易、不合常理的资金流动等，都是监控系统中需要特别关注的点。通过实时监控机制，税务部门得以对电子商务平台执行更为高效和精准的管理，从而确保平台上发生的每一笔交易都严格遵循税收法规，无任何违规操作。这一措施的实施，无疑为电子商务税收征管的规范化和法制化提供了有力保障。

2. 数据分析在税收征管中的应用

数据分析技术在电子商务税收征管中的应用正日益凸显其重要性，面对海量的交易数据，税务部门借助先进的数据挖掘与分析技术，能够更精确地评估各类税源，及时发现那些可能隐藏在复杂数据背后的逃税行为。这种深入的数据探究不仅有助于税务部门优化现有的税收策略，更能协助他们识别出潜在的税收风险点，从而进行更为精准和高效的调查与审计。此外，数据分析所带来的洞察力还远不止于此。通过对电子商务行业的整体交易数据进行综合分析，税务部门可以更为清晰地揭示出该行业的发展趋势及其对税收的总体贡献情况。这样的深入分析为政府部门提供了宝贵的决策依据，使得税收政策的制定更为科学合理，更能符合电子商务行业的实际发展需求。

三、跨境电子商务税收管理

（一）跨境电子商务税收的特点与难点

1. 跨境交易的税收的复杂性

跨境电子商务交易的税收管理，因其涉及多国税收制度和法规，显得尤为错综复杂。每个国家都有其独特的税制、税率及税收优惠政策，当这些因素交织在一起时，无疑为税收征管带来了前所未有的难度。电子商务的数字化和虚拟化特性更是加剧了这种复杂性。在这种环境下，确定交易的确切发生地、明确纳税人的真实身份，以及完整地追踪整个交易流程，都变得比传统交易方式更为棘手。数字产品与服务的跨境交易经常触及知识产权、数据隐私等深层次、多维度的问题。这些问题不仅涉及各国的法律法规，还关乎国际间的法律协调和合作。因此，跨境电子商务交易的税收问题不仅仅是一个单一的税收问题，还是一个融合了法律、技术、经济和国际关系等多个领域的复合性问题，其复杂程度远超一般的税收管理。

案例

2018年4月20日，消费者A在海关联网电子商务交易平台进行身份信息认证后，购买跨境电子商务零售进口化妆品800元（完税价格，下同）。2016年3月20日，消费者B从国外旅游邮寄进口化妆品800元。2016年4月24日，消费者C未进行身份信息认证，并以其他人的名义付款，购买跨境电子商务零售进口化妆品800元。已知化妆品消费税税率为30%，增值税税率为13%，关税税率为0%，原行邮税化妆品税率为50%，现行行邮税化妆品税率为60%。消费者A、B、C分别需要缴纳进口税款如下：

消费者A：

消费者A在4月20日购买跨境电子商务零售进口化妆品，应按照18号文规定，以实际交易价格（包括货物零售价格、运费和保险费）作为完税价格，分别计算并缴纳对关税、增值税与消费税进口环节税款，也可由电子商务企业、电子商务交易平台企业或物流企业代收代缴。

应纳消费税税额＝(完税价格+实征关税税额)÷(1−消费税税率)×消费税税率×70%＝(800+0)÷(1−30%)×30%×70%≈240（元）。

应纳增值税税额＝(完税价格+实征关税税额+实征消费税税额)×增值税税率×70%＝(800+0+240)×13%×70%≈95（元）。

合计进口税收应纳税额＝实征关税税额+实征消费税税额+实征增值税税额≈0+95+240＝335（元）。

消费者B：

消费者B由于是在3月20日之前购买进口化妆品，仍按照原行邮税政策纳税。应纳进口税＝完税价格×进口税税率＝800×50%＝400（元）。

消费者C：

消费者C虽然在4月20日购买跨境电子商务零售进口化妆品，但未通过海关联网电子商务交易平台进行身份信息认证，且非本人支付物品的货款，也未超过单次购买2000元，故适用现行行邮税政策。应纳进口税＝完税价格×进口税税率＝800×60%＝480（元）。

2. 跨境电子商务税收政策的差异

由于不同国家对待进口商品的态度和策略各不相同，导致了跨境交易在面临多重税收制度时，容易遭遇到政策之间的冲突和重复征税的困境。举例来说，某些国家可能会对进口的商品征收相对较高的关税或增值税，这样的税收政策无疑增加了跨境交易的成本。而另一些国家，为了吸引更多的跨境交易，可能会提供税收上的优惠政策。这种国与国之间税收政策的明显差异，不仅会对跨境交易的成本和效率产生直接影响，更可能进一步导致市场的扭曲和不公平的商业竞争。在这样的背景下，如何协调各国之间的税收政策，努力减少税收上的差异，成为推动跨境电子商务健康发展的关键议题。

（二）跨境电子商务税收管理策略

1. 加强国际合作与信息共享

跨境电子商务税收问题的复杂性已经超出了单一国家的应对能力，因此，各国税务部门急需加强国际合作，形成合力以共同应对这一领域的税收挑战。通过建立双边或多边的税收协定，各国可以进一步明确在跨境交易中的税收权益和责任，从而减少潜在的税收冲突和不确定性。同时，开展税务稽查合作也是至关重要的，这有助于及时发现并打击跨境避税行为，确保税收的公平性和有效性。除了直接的税务合作，各国还应积极推动国际税收组织的改革和完善。随着数字经济的蓬勃发展，传统的税收规则和组织架构已经难以完全适应这一新形势，因此，通过改革和完善国际税收组织，可以使其更好地发挥在跨境税收征管中的协调和指导作用。此外，信息共享也是解决跨境电子商务税收问题的关键一环。通过构建全球性的税收信息平台，各国税务部门可以实时交换和核查税务数据，这不仅有助于提高税收征管的效率和准确性，更能有效减少税收逃避和欺诈行为，从而维护一个公平、透明的国际税收环境。

2. 完善跨境电子商务税收法规

随着跨境电子商务的迅速崛起，各国为满足这一新兴领域的发展需求，必须对其税收法规进行持续的完善和优化，其中的关键任务包括明确跨境交易在税收方面的基本原则，为数字产品和服务确立清晰的税收属性，以及针对电子商务的特点制定专门的税收条款。这些措施的实施，旨在确保税收法规既能适应跨境电子商务的特殊性，又能维护税收的公平性和效率。同时，各国在完善税收法规的过程中，还需密切关注这些法规与国际贸易规则之间的协调性。任何税收措施的采取，都不应成为阻碍国际贸易自由化的壁垒，也不应导致市场的扭曲和不公平竞争。为实现这一目标，各国税务部门和国际组织需要保持密切的沟通与合作，共同推动税收法规与国际贸易规则的和谐统一。此外，考虑到中小跨境电商在资源和能力方面的限制，各国政府在制定和实施税收法规时，还应给予他们适当的关照。通过制定合理的税收优惠政策，可以有效降低中小跨境电商的税收负担，进而促进其健康、持续的发展。

四、电子商务税收风险与防范

（一）电子商务税收风险识别

1. 常见的电子商务税收风险类型

在电子商务领域，税收风险呈现出多样化的特点，其中最常见的风险类型包括逃税、漏税和误税。逃税行为通常是指企业或个人故意隐瞒或谎报交易信息，以此手段来避免或减少纳税额。这种行为不仅损害了国家的税收利益，更可能因触犯法律而面临严重的法律后果，如罚款甚至刑事责任。漏税问题则多因对税法的不熟悉或误解而产生。在电子商务环境中，许多卖家，尤其是那些刚涉足此领域的新手，可能并不充分了解跨境交易涉及的各种复杂税收规定。这种信息不对称导致他们可能无意中漏缴或少缴了应税款项，进而面临税务违规的风险。误税更多是由于税务部门在处理税务事务时出现的错误判断或操作不当所导致。这种错误可能给电子商务企业带来额外的税务负担，甚至可能引发不必要的税务纠纷，影响企业的正常运营和财务健康。

2. 风险识别的方法与流程

识别电子商务税收风险是一个综合性强且需要细致入微的过程，依赖于多种方法的综合应用。数据分析是其中的一种重要手段。通过深入挖掘和分析企业的交易数据，可以揭示出隐藏在大量信息中的异常交易模式，这些异常可能指向潜在的税收风险点。例如，突然的交易量激增或骤减，都可能暗示着某些不合规的行为。流程审查同样不可或缺，涉及对电子商务企业整个业务流程的详尽检查。这一步骤的目的在于确认企业的各个运营环节是否都严格遵守了税收法规，从而确保企业在税务操作上的合规性。通过流程审查，可以及时发现并纠正可能存在的违规操作，降低因流程漏洞而引发的税收风险。此外，借助外部专家的力量进行评估也是识别税收风险的有效途径。专业的税务顾问或审计师凭借丰富的经验和专业知识对企业的税收状况进行全面而深入的评估，能够更准确地识别出企业可能面临的风险点，为企业提供有针对性的改进建议。

（二）电子商务税收风险防范措施

1. 完善内部税收管理制度

完善内部税收管理制度在防范电子商务税收风险方面起着举足轻重的作用。为了实现这一目标，企业应精心构建一套全面且细致的税收管理制度。这套制度不仅需要明确界定各个部门的税收职责，确保每个环节都有专人负责，还要详细规划操作流程，使得税收管理工作能够有序、高效地进行。然而，制度的建设并非一劳永逸。随着税收法规的不断更新和市场环境的快速变化，企业必须定期对这套税收管理制度进行审查和更新。这样不仅能确保企业始终与最新的税收法规保持同步，还能使企业更好地适应市场动态，从而在激烈的竞争中保持领先地位。除了制度建设外，企业还应建立一套完善的税收风险管理机制。这一机制的核心在于对潜在的税收风险进行定期评估和持续监控。通过这种方式，企业可以及时发现并解决可能存在的税收问题，从而避免因税收风险而带来的不必要损失。

2. 加强人员培训与风险防范意识

企业应高度重视员工的税收法规和风险防范培训，确保每位员工都具备扎实的税收知识基础和敏锐的风险识别能力。通过定期的培训课程，不仅可以让员工深入了解税收法规的最新动态，还能提升他们在面对潜在税收风险时的应对能力。除了专业培训外，企业还应致力于营造一种积极的风险防范文化氛围。这种文化氛围的塑造，可以通过多种方式实现，如定期组织风险防范知识竞赛、分享会等活动，让员工在轻松愉快的氛围中增强风险防范意识。同时，企业应鼓励员工主动发现和报告潜在的税收风险，对于及时发现并妥善处理风险的员工给予适当的奖励和认可，从而激发整个团队对风险防范的积极性和主动性。

第六章　电子商务的财务战略规划

第一节　财务战略的基本框架

一、电子商务财务战略概述

（一）电子商务对财务管理的影响

1. 电子商务带来的财务管理挑战

随着在线交易逐渐渗透到每一个角落，财务管理的维度和深度都发生了翻天覆地的变化。在线交易的普及不仅改变了人们的购物习惯，更让财务管理的复杂性和风险性急剧上升。在这样一个环境下，交易的迅速和频繁进行要求企业的财务管理系统能够更加灵活应变，实时反馈财务状况。而且，电子商务的全球化属性意味着企业不再局限于某一地区或国家，而是需要处理来自世界各地的交易，这就涉及多种货币、各式各样的税率以及不同的财务制度。这无疑为企业带来了更大的运营压力和管理难度。更为关键的是，随着数字化进程的加速，网络安全隐患也日益凸显。保障交易数据的安全与完整，防止数据泄露或被篡改，已成为企业在电子商务时代必须严肃对待的问题。

2. 电子商务改变财务数据处理方式

传统的财务数据处理主要依赖手工操作和纸质文档记录，这种方式不仅效率低下，而且容易出错。然而，随着电子商务的蓬勃发展，财务数据处理已经实现了高度的自动化和数字化。借助互联网的力量和先进的财务管理软件，企业可以实时捕捉每一笔交易数据，利用自动化的工具进行精确的数据分析，并迅速生成详尽的财务报告。这种转变不仅显著提升了数据处理的效率，它极大地降低了由于人为操作导致的错误，提高了数据的准确性。此外，电子商务的广泛应用还促进了企业财务数据的集中化管理。通过集中存储和处理财务数据，企业能够更加方便地进行全面的财务监控，及时发现并解决潜在的财务风险，从而有效地提升企业的风险管理能力。这一系列的变革，无疑为企业带来了更加高效、精准的财务管理体验。

3. 电子商务对财务报告及其透明度的影响

电子商务的盛行确实对财务报告及其透明度产生了显著的影响。在电子商务的大背景下，财务报告的编纂与公开变得更为简便与迅速。借助互联网平台，企业得以实时地更新和发布自身的财务报告，从而确保投资者、股东以及其他利益相关者能够迅速掌握企业的最新财务状况。电子商务推动了财务报告的透明化。数字化的财务报告不仅容易为公众所获取，而且其内容更为直观和易于分析。这种高度的透明度，无疑加强了外界对企业的了解和信任，进而提升了企业的公信力。在市场竞争日益激烈的今天，一个透明、公正的财务报告无疑能够为企业赢得更多的市场好感与信任。但与此同时，这种透明度也对企业提出了更高的要求。企业需要更为严谨、细致地进行财务管理，确保每一笔账目都清晰、准确。在编制财务报告时，也必须确保信息的真实性和完整性，以维护企业的声誉和投资者的利益。

（二）财务战略在电子商务中的重要性

1. 财务战略与企业整体战略的对接

在电子商务时代，财务战略与企业整体战略之间的紧密联系变得尤为关键。整体战略为企业绘制了宏伟的发展蓝图，明确了企业的长远目标和愿景。

而财务战略则是这张蓝图得以实现的重要基石。通过细致入微的财务预算与周密的资金规划，企业可以确保每一分资金都得到最有效的利用。这种精确的资金管理不仅为企业的产品研发提供了坚实的物质基础，使得企业能够持续推出具有市场竞争力的新产品，还为企业市场拓展和品牌建设注入了强大的动力。财务战略的核心不仅仅是筹措和运用资金，更重要的是如何将这些宝贵的资源精准地投入到整体战略所确定的关键领域，如技术创新、市场拓展等，从而确保企业能够在激烈的市场竞争中脱颖而出，实现其宏伟目标。

2. 优化资源配置以提高电子商务效率

优化资源配置在电子商务中显得尤为关键，而财务战略正是实现这一优化的重要手段。面对有限的资源，企业如何通过财务战略对人力、物力和财力进行合理配置，成为提升电子商务运营效率的核心问题。通过精细化的财务管理，企业能够洞察到运营过程中的每一个环节，明确识别出哪些环节正在为企业创造利润，哪些环节则存在资源浪费。基于这些深入的数据分析，企业可以有针对性地进行资源调整，将更多的资源投向盈利环节，同时削减或优化那些效益不佳的部分。这样的资源配置优化，不仅能够显著提高电子商务的整体运作效率，更能在精细管理的过程中降低不必要的成本开支，从而为企业创造出更大的盈利空间。这种以财务战略为指引的资源优化配置，正是现代企业在电子商务竞争中取得优势的关键所在。

3. 通过财务战略增强企业竞争力

在电子商务时代，财务战略对于增强企业竞争力的重要性不言而喻，一个精心设计的财务战略，能够成为企业在激烈市场竞争中的制胜法宝。通过合理的资金布局与周密的风险管理措施，企业可以构建起坚实的财务防线，以更加从容的姿态应对市场的起伏波动。这种稳健的财务管理策略，确保了企业资金链的畅通无阻，为企业持续发展提供了有力的资金保障。同时，精确的财务分析作为企业决策的“指南针”，能够帮助企业领导者洞察市场的微妙变化，预见潜在的市场趋势。基于这些宝贵的信息，企业可以迅速调整自身的经营策略，无论是加大市场推广力度，还是优化产品线，亦或是调整定价策略，都能让企业在变幻莫测的市场环境中抢占先机，立于不败之地。因此，可以说，一个明智的财务战略是企业在电子商务时代稳固市场地位、持续领先的关键所在。

（三）电子商务财务战略的核心要素

1. 明确的财务目标和指标体系

在电子商务这一充满活力的领域，明确的财务目标和健全的指标体系构成了财务战略不可动摇的基石。企业务必设定出清晰、具有可操作性的财务目标，如设定收入增长的具体百分比、成本控制的预定范围，以及利润率提升的具体目标。这些明确的目标不仅为整个财务战略的实施提供了方向指引，而且激发了团队的动力，促使大家朝着共同的目标努力。同时，构建一套既科学又实用的财务指标体系也是不可或缺的一环。这些财务指标能够客观地量化企业的财务状况和经营绩效，比如通过流动比率、速动比率来评估企业的短期偿债能力，或者利用资产负债率来衡量企业的长期财务风险。有了这些具体的指标数据，企业就能实时监控自身的财务状况，对战略执行的效果进行精准评估。一旦发现实际情况与目标存在偏差，企业便能迅速作出策略调整，确保既定的财务目标能够顺利达成。在这个竞争激烈、变化莫测的电子商务市场中，明确的财务目标和健全的指标体系无疑为企业提供了行动的指南和成效的衡量标尺。

2. 灵活的资金运营与管理策略

在这个快速变化的环境中，企业必须具备高度的灵活性和应变能力，而这一切都离不开有效的资金管理策略。其中，现金流的精准预测与严格控制显得尤为重要，它确保企业无论何时都有充足的资金储备，以支撑其日常运营和未来的发展规划。但仅仅有足够的资金还不够，企业还需具备在市场变化时迅速调整资金使用计划的能力。这种灵活性不仅能够帮助企业及时捕捉市场上的新机遇，还能够在遭遇风险时迅速作出反应，调整策略以最小化损失。在电子商务的大背景下，资金的流转速度和利用效率直接关系到企业的生死存亡。因此，制定一套既灵活又高效的资金运营与管理策略，对于任何想要在电子商务领域立足的企业而言，都是至关重要的。这样的策略不仅能为企业的整体财务战略提供坚实的支撑，更是企业在激烈市场竞争中脱颖而出的关键。

3. 全面的财务风险防控机制

在电子商务环境中，财务风险防控显得尤为重要，是企业财务战略中不可或缺的一环。为了有效应对市场风险、信用风险、流动性风险等各类潜在的财务风险，企业必须构建一套完善的风险防控机制。这一机制的核心在于对财务风险的全面识别与准确评估，以及针对这些风险所采取的防范措施。建立健全的内部控制体系是防控财务风险的基础，能够确保企业财务活动的合规性和准确性。同时，应急预案也是至关重要的，能够帮助企业在突发风险事件发生时迅速做出反应，最大限度地减轻风险带来的损失。此外，定期的财务审计和风险评估也是必不可少的环节，能够帮助企业及时发现并解决财务管理中存在的问题，确保财务战略的稳定实施。通过这些全面的财务风险防控措施，企业可以在面临各种不确定性时保持稳健的财务状况，有效防范和控制财务风险，从而确保企业的长期可持续发展。

二、财务目标设定与指标体系

（一）确定电子商务企业的长期和短期财务目标

电子商务企业在设定财务目标时，应深刻认识到明确区分长期与短期目标的重要性是至关重要的。这两种目标各有侧重，共同构成了企业发展的蓝图。长期目标着眼于企业的深远发展和市场地位的稳固提升。例如，企业可能设定在五年内实现市场份额翻倍的宏伟目标，这不仅彰显了企业对自身未来发展的坚定信心，也体现了其对于市场扩张和品牌影响力扩大的战略考量。同样，品牌价值显著增加也是企业长期追求的目标之一，它反映了企业在产品质量、服务水平和品牌形象上的持续投入与努力。这些长期目标如同指南针，引导企业在复杂多变的市场环境中保持正确的航向。相对而言，短期目标则更具体和实际。它们通常与企业的日常运营和近期业绩紧密相连。例如，设定本季度销售额增长10%的目标，直接关联到企业的营收和利润，是考核企业短期经营成果的重要指标。同时，成本控制在预定范围内也是短期目标的重要内容，关乎企业的盈利能力和运营效率。这些短期目标的实现，不仅为企业带来即时的经济回报，更为实现长期目标奠定了坚实的基础。

（二）关键财务指标的选择与设定

在电子商务企业中，精确而全面地评估经营绩效是确保企业健康发展的关键，为了实现这一点，选择合适的财务指标显得尤为重要。这些指标需要能够深入展现企业的多维度能力，包括但不限于盈利能力、运营效率、偿债能力以及未来的发展潜力。以毛利率为例，它不仅是一个简单的财务数据，更是直观地体现了企业产品或服务在市场上的利润空间的指标。一个健康的毛利率意味着企业在提供产品或服务后，能够获得足够的利润，为企业的持续运营和扩张提供资金支持。存货周转率则是另一个不容忽视的指标，它深入反映了企业在资产管理方面的效率。高效的存货周转率意味着企业的资金不会被过多的库存所占用，这不仅可以降低仓储和管理成本，还可以提高企业的资金利用效率。而资产负债率则从另一个角度揭示了企业的经营风险。一个合理的资产负债率既能够保证企业有足够的资金进行运营和扩张，又不会因为过高的债务而增加企业的财务风险。

（三）财务指标体系的构建与应用

对于电子商务企业来说，构建完善的财务指标体系是其财务管理不可或缺的一部分。这一体系不仅要全面，还需细致入微。财务指标体系应覆盖盈利能力、资产质量、债务风险以及经营增长等多个评价维度，从而能够对企业的整体财务状况进行深入且准确的评估。盈利能力指标，如净利润率和投资回报率，可直观反映企业的赚钱效应和资本运用成果。资产质量指标，如资产周转率和存货周转率，是评价企业资产运用效率和管理水平的重要依据。债务风险指标，如资产负债率和流动比率，是企业识别并量化潜在的财务风险的依据。经营增长指标，如销售增长率和净利润增长率，体现了企业的发展潜力和市场扩张能力。然而，一个有效的财务指标体系并非一成不变。在应用过程中，必须紧密结合企业的实际运营情况和外部市场环境的变化，适时的动态调整和优化各项财务指标。例如，在市场竞争加剧的背景下，企业可能需要将更多的注意力放在销售增长率和市场份额等体现市场竞争力的指标上，并相应提高这些指标的权重；而在经济下行或市场环境不确定的时期，成本控制、风险防范以及现金流管理等稳健性指标则应成为企业关注的焦点。

三、资金运营与管理策略

（一）流动性管理与投资规划

在电子商务环境下，流动性管理与投资规划成为企业运营中的关键环节，由于电子商务的特殊性，资金流的快速周转和灵活性对企业来说至关重要。企业需要精细地管理其现金流，确保在应对日常运营开支、市场推广费用以及技术升级投资等方面拥有足够的资金支持。同时，为了应对可能出现的市场风险或突发事件，保持一定的现金储备也显得尤为重要。流动性管理不仅仅局限于现金的储备和调配，还涉及对应收账款的跟踪管理，确保客户及时付款，减少坏账风险；对存货进行优化管理，避免过多的库存积压，从而减少资金占用和提高资金使用效率。这些措施共同构成了流动性管理的核心内容，旨在保持企业现金流的稳定和健康。而投资规划则是从长远角度考虑企业资金的使用，要求企业不仅要关注当前的市场环境和行业趋势，还要结合自身的发展战略，审慎选择能够带来长期回报的投资项目。这既可以是扩大市场份额的营销投入，也可以是研发新技术或产品的创新投入，亦或是拓展新的业务领域。

（二）现金流预测与监控机制

现金流对于电子商务企业而言，就如同人体的血液一般，是维持企业生命活力的根本。在这个快速变化的市场环境中，建立有效的现金流预测与监控机制显得尤为关键。为了精准把握未来的现金流状况，企业必须深入分析过往的经营数据，并结合当前的市场趋势、消费者行为以及行业竞争态势等多方信息进行综合判断。这种预测不仅有助于企业提前做好资金规划，更能使其在面临市场波动时能够迅速做出反应，确保运营不受影响。同时，仅仅依靠预测是不够的。一个高效、实时的现金流监控体系同样不可或缺。这一体系需要能够全天候、不间断地追踪企业现金流的每一个细微变化，从而及时发现任何可能的风险点。当现金流出现不寻常的波动或异常时，这一监控体系应立即发出警报，使企业能够在第一时间做出应对策略，确保资金流的稳定和企业的安全。不仅如此，当现金流出现问题时，企业需要有一套完善的应急响应机制，能够迅速调动内部资源，对异常情况进行处理。这可能涉及调整营销策略、优化库存管理、加速应收账款回收等多种手段，以尽快恢复现金流的正常状态。

第二节　电子商务收入与利润管理

一、电子商务收入构成与管理

（一）主要收入来源分析

电子商务的主要收入来源呈现多样化态势，这与其灵活多变的业务模式和广泛的市场需求密不可分。在线商品销售作为大多数电商平台的核心盈利点，凸显了电子商务便捷、高效的交易特性。通过线上平台的细致展示，消费者能够轻松浏览并选择心仪的商品，而电商平台则通过促成这些交易获得可观的收入。广告收入也是电商平台不可小觑的一部分。众多商家看重电商平台庞大的用户基础和精准的营销定位，选择在平台上投放广告，以此提升品牌知名度和销售量。这些广告投放不仅为商家带来了市场曝光，同时也为电商平台提供了稳定的现金流支持。此外，会员订阅费在电商平台的收入构成中也占有一席之地。为了享受更多会员专属特权，如免运费、优先购买等，用户愿意支付一定的订阅费用。这种费用模式不仅提升了用户的忠诚度和黏性，也为电商平台创造了一种可持续且稳定的收入来源。交易佣金作为电商平台提供服务的直接回报，是从每一笔成功的交易中按比例抽取的费用。这种收入来源与平台的交易量紧密相关，体现了电商平台在促成交易中的核心价值。随着交易量的增长，佣金收入也会相应提升，为平台的持续发展注入动力。

（二）收入增长策略与方法

优化商品推荐算法是其中一个关键环节。消费者在面对海量商品信息时，往往难以做出选择。因此，一个精准、高效的商品推荐系统不仅能够为消费者提供个性化的购物体验，还能显著提高用户的购买转化率。通过深入分析用户的购物历史、浏览记录以及搜索行为，电商平台可以为用户推荐更符合其喜好和需求的商品，从而提升销售额。拓展商品种类和品牌也是促进收入增长的重要策略。随着消费者需求的日益多样化，电商平台需要不断丰富自身的产品线，引入更多高品质、有特色的商品，以满足不同消费者的个性化需求。这不仅能够吸引更多新用户，还能促使老用户进行更多次的复购。促销活动在电子商务中同样扮演着举足轻重的角色，如折扣、满减、赠品等多样化的促销活动，能够有效刺激消费者的购买欲望，提高客单价和订单量。特别是在节假日或换季时期，精心策划的促销活动往往能带来销售额的显著增长。此外，加强与其他电商平台的合作也是一个值得考虑的方向。在竞争激烈的市场环境中，通过资源共享和用户互通，可以实现优势互补，共同开拓更广阔的市场。这种合作模式不仅有助于提升各自平台的知名度和影响力，还能为消费者提供更多选择和便利，从而进一步促进销售收入的增长。

（三）收入风险管理与应对

在电子商务领域，收入风险是多样且复杂的，其中市场竞争加剧、消费者需求变化、政策法规调整等是尤为突出的风险因素。市场竞争加剧可能导致价格战和营销成本上升，从而影响利润空间。消费者需求的多变则要求电商平台能够快速响应，否则可能错失销售良机。而政策法规的调整，如税收政策、数据保护规定等，都可能对电商平台的运营模式产生深远影响。为了有效应对这些风险，电商平台必须保持高度的市场敏锐度，并具备灵活调整经营策略的能力。利用数据分析工具来预测消费者需求的变化趋势，是电商平台在激烈市场竞争中保持先机的关键。通过深入分析用户行为数据、购买记录以及市场趋势，平台可以更精准地判断哪些商品将受到消费者欢迎，从而提前备货，优化商品结构，确保在需求高峰时能够满足消费者的购买需求。同时，电商平台的供应链管理也至关重要。一个高效、稳定的供应链不仅能够保证商品质量，还能在面对市场波动时提供必要的支持。通过加强与供应商的合作关系，建立严格的品控体系，以及采用先进的物流管理系统，电商平台可以显著提升供应链的韧性和响应速度。

（四）客户关系管理与收入提升

良好的客户关系管理在电子商务中显得尤为关键，不仅是维护品牌声誉的基石，更是提升收入的重要保障。电商平台深知，只有通过提供卓越的产品与无微不至的服务，才能赢得客户的真心信赖。这种信任的建立，是一个细致且长期的过程。建立完善的客户服务体系是这一过程中的核心环节。当用户遇到问题时，一个迅速且专业的响应能够极大提升他们的满意度。及时解决用户的疑问和妥善处理投诉，不仅体现了平台的专业素养，更让用户感受到被尊重和重视。为了进一步增强与客户的情感连接，电商平台还可以运用个性化推荐技术，为用户提供更加贴心的购物体验。同时，通过积分兑换、会员特权等策略，平台能够激发用户的忠诚度，使他们更愿意在这里进行持续的消费。除此之外，定期聆听客户的声音也至关重要。通过收集和分析客户的反馈，电商平台可以更加精准地了解市场的需求变化，从而针对性地优化产品和服务。这种持续的改进不仅有助于满足客户的期望，更能在激烈的市场竞争中为平台赢得宝贵的竞争优势。

二、成本控制与利润最大化

（一）运营成本分析与优化

对于电子商务企业来说，运营成本是一个需要时刻关注的重要因素。为了实现成本控制与利润最大化，企业必须对运营成本进行详尽而深入的分析。这一过程中，通过详细审计各项运营费用，企业可以清晰地识别出哪些开支是必要的，哪些可能存在浪费或不合理之处。针对这些不必要的开支，企业可以进行一系列优化措施。例如，通过精简人员结构、合理安排工作岗位，可以大幅度提高工作效率，减少不必要的人力成本。同时，对于办公设施的优化也是一个有效的成本控制手段，如选择更为经济高效的办公场地，降低租金支出；节约水电等日常开销，减少资源浪费。此外，在现代科技的支持下，企业还可以积极利用技术手段（如云计算）来减少硬件方面的投入和维护成本。云计算服务不仅提供了弹性的资源配置，还能帮助企业避免大量的初期投资和后续的硬件维护费用。

（二）物流成本降低策略

物流成本在电子商务运营中占据着举足轻重的地位，直接影响着企业的盈利能力和市场竞争力。为了降低这一关键成本，企业需要采取一系列精心设计的策略，仓储管理的优化是其中的一项重要举措。通过合理的库存布局，企业可以确保货物快速、准确地进出仓库，从而减少不必要的存储时间和费用。高效的货物流转不仅能降低滞销风险，还能使资金更快回笼，提高企业的资金利用效率。与此同时，与物流公司建立稳固的合作关系也至关重要。通过深度合作，企业可以争取到更优惠的运费率，降低运输成本。而且，快速可靠的物流服务能够提升客户满意度，间接促进企业收入的增长。此外，利用先进的物流技术同样不容忽视。智能分拣系统可以大幅提高分拣的准确性和效率，减少误操作和重复劳动。

（三）市场营销成本控制

对于电子商务企业而言，市场营销是推广产品和品牌、扩大市场份额的关键手段。然而，在进行市场营销活动时，成本的控制同样至关重要。为了实现市场营销成本的有效管理，企业必须制定一份详尽而明确的市场营销计划，并在其中合理分配预算，确保每一分钱都能产生最大的效益。在选择营销渠道时，性价比高的选项应优先考虑。例如，利用社交媒体平台，企业可以与潜在客户进行直接的互动，提高品牌的曝光度和认知度，并且成本相对较低。搜索引擎优化也是一个高效且成本效益显著的营销方式。企业通过提升网站在搜索引擎中的排名，吸引更多的有意向的流量。此外，精准定位目标客户群体也是控制市场营销成本的关键。通过深入了解目标客户的需求和偏好，企业可以设计出更具吸引力的营销活动，提高转化率，从而降低单位客户的获取成本。

（四）资源利用效率提升举措

对于电子商务企业来说，提高资源利用效率是实现成本控制和利润最大化的核心策略之一。为了达成这一目标，企业可以从多个方面入手进行内部流程的改进。引入自动化和智能化的办公系统是一个重要的步骤。这样的系统能够简化复杂的工作流程，使得各项任务能够更快速、更准确地完成。自动化不仅减少了人为错误，还大大提高了工作效率，从而节约了宝贵的时间和人力资源。与此同时，加强员工培训也是关键。通过定期的培训，员工可以不断提升自己的专业技能，更加熟练地完成工作任务。这不仅提高了单个员工的工作效率，还为整个企业带来了更大的生产力。除了内部资源的优化，合理利用外部资源同样重要。与供应商建立长期稳定的合作关系，可以确保企业获得稳定的货源和更为优惠的价格。这种合作关系的建立，不仅减少了采购过程中的不确定性，还为企业带来了更大的经济效益。

三、利润预测与规划

（一）历史数据与趋势分析

历史数据与趋势分析在企业的利润预测中扮演着至关重要的角色，深入分析过去一段时间内的销售、成本及利润数据，企业可以清晰地洞察到各种重要的经营趋势。销售数据作为企业经营活动的直接体现，其增长或下降趋势往往预示着市场需求的微妙变化。例如，某一时期的销售数据持续增长可能意味着消费者对该产品或服务的需求正在上升，这为企业的市场扩张和产品开发提供了有力的数据支撑。与此同时，成本数据的变动同样不容忽视。成本的增减可能源于供应链的波动、生产效率的改变或原材料价格的变化。对这些数据的细致分析有助于企业及时发现并解决潜在的问题，从而优化成本控制，提升经营效率。利润数据作为企业经营成果的最终体现，其走势直接反映了企业的盈利能力和市场竞争力。通过对历史利润数据的分析，企业不仅可以了解自身的盈利状况，还能为未来的利润预测和规划提供坚实的依据。

（二）利润预测模型与方法

利润预测模型与方法在企业财务规划和经营决策中占据着举足轻重的地位。为了更准确地预测未来利润，众多企业纷纷采用各种先进的预测模型。时间序列分析模型通过对历史数据的时间序列进行深入研究，能够捕捉到数据随时间变化的规律，从而为企业预测未来一段时间内的销售、成本和利润走势提供有力依据。回归分析模型侧重于探究自变量与因变量之间的关系，帮助企业明确哪些因素对未来利润产生显著影响。近年来，基于机器学习算法的预测模型也受到了广泛关注。这类模型能够自动从历史数据中学习并提取有用信息，对未来进行智能预测，大大提高了预测的准确度和效率。在选择合适的预测方法时，企业需综合考虑多方面因素。首先，数据的可用性是关键，确保所选取的数据具有代表性和可靠性；其次，模型的复杂度要适中，既要保证预测的精确性，又要避免过于复杂而导致的过拟合问题；最后，预测的准确度是评价一个模型好坏的重要指标。

（三）利润目标设定与达成路径

对于企业进行全面的利润规划而言，设定明确的利润目标是不可或缺的关键环节。在设定这些目标时，企业必须充分考虑当前的市场状况，如消费者需求、行业动态以及宏观经济环境等。同时，对竞争态势的深入洞察也至关重要，这涉及对竞争对手的战略分析、市场占有率的评估以及产品差异化的可能性探讨。除了外部环境的考量，企业还需对自身实力进行客观评估，包括技术创新能力、品牌影响力、成本控制能力等。基于这些综合因素，企业可以制定出既合理又富有挑战性的利润目标，不仅能够激发团队的斗志，还能引导企业在正确的方向上持续努力。为实现这些利润目标，规划出可行的路径同样重要。这可能涉及销售策略的优化，比如通过市场细分来精准定位目标客户群体，或是利用数据驱动的营销策略来提升销售转化率。此外，提升产品质量也是关键，这不仅有助于增强消费者的购买意愿，还能提升品牌形象和口碑。当然，降低成本开支同样不容忽视，包括通过精细化管理来减少不必要的浪费，或是通过技术创新来提升生产效率。

（四）风险防范与应对措施

在利润预测与规划的每一个环节中，对潜在风险因素的深入考虑和有效应对都是至关重要的。市场风险、供应链风险、财务风险等多方面的因素，都可能对企业的稳定运营和利润实现造成不可忽视的影响。市场风险主要源于市场需求的波动、竞争对手的策略变化等。为了降低这类风险，企业可以探索并实施多元化的销售策略。通过拓展多个销售渠道、覆盖更广泛的消费群体，企业能够有效分散单一市场或产品带来的风险，增强自身的市场适应能力。供应链风险则可能由原材料供应的不稳定、物流环节的延误或成本上升等因素引发。为了应对这些挑战，与多个供应商建立稳固的合作关系显得尤为重要。这样做不仅可以确保货源的充足与稳定，还能在一定程度上降低采购成本，提高企业的议价能力。除了这些具体的风险防范措施，企业还需建立一套完善的风险管理机制。这包括定期进行全面的风险评估，以便及时发现并应对潜在风险；制定灵活的应对策略，以便在遇到突发情况时能够迅速调整经营策略；运用有效的监控手段，实时跟踪各项风险指标的变化情况。

四、利润分配与股东回报

（一）利润分配原则与政策

利润分配在企业经营活动中占据着举足轻重的地位，不仅直接关系到股东的切身利益，还对企业的长远发展和市场信誉产生深远影响。因此，在制定利润分配的原则和政策时，企业必须深思熟虑，综合考虑多方面的因素。企业的盈利能力和现金流状况是利润分配的基础。一个稳健的盈利能力意味着企业有更多的资源可供分配，而强健的现金流则保证了利润分配的及时性和稳定性。同时，企业还需要根据自身的未来发展需求来权衡利润分配的多少。过多的分配可能会影响企业的扩张计划和研发投入，从而损害其长期竞争力。除此之外，股东的期望也是制定利润分配政策时不可忽视的因素。企业应充分听取并尊重股东的意见，确保利润分配政策既符合大多数股东的期望，又能体现对所有股东的公平对待。

（二）股东回报机制设计

为了持续吸引并稳固投资者的信心与支持，企业必须精心设计并实施一套完善的股东回报机制。这一机制的核心目标在于，通过多元化的方式回馈股东，从而确保他们的利益得到最大化满足。其中，定期支付股息无疑是最为直接且有效的手段。股息不仅为股东提供了稳定的现金流回报，更体现了企业经营的稳健与对股东的尊重。这种定期的收益让股东能够切实感受到投资的实质性回报，从而加深了他们对企业的信任与支持。股票回购则是另一种重要的策略。通过回购自家的股票，企业可以减少市场上的流通股数量，进而提高每股收益。这一举措不仅能直接增强股东的信心，还有助于提升企业的市场价值。除此之外，提供其他形式的投资者福利也是关键。例如，企业可以推出优惠购股计划，让股东有机会以更优惠的价格增持股份，从而进一步巩固他们的投资地位。这样的福利不仅增加了股东的忠诚度，还提高了他们的满意度，使得企业与股东之间的关系更加紧密和谐。

（三）股权激励与员工持股计划

在激发员工工作热情、提升团队凝聚力以及吸引并留住核心人才方面，股权激励与员工持股计划是行之有效的管理策略。这些计划巧妙地将员工的个人利益与企业的长远发展紧密相连，从而构建了一个利益共享的机制。在实施股权激励时，企业必须清晰地界定激励的目标，这不仅仅是为了奖励过去的贡献，更重要的是为了激发未来的潜能和创新。设定合理的行权条件和期限是关键，它们既要能激励员工努力达成业绩，又不能过于苛刻以至于打消员工的积极性。同时，整个激励计划的透明度和公平性也是不容忽视的，只有公开、公正的制度才能赢得员工的信任和拥护。员工持股计划的设计则更为复杂，需要综合考虑员工持股的比例以确保其既有足够的激励效果，又不会对企业的股权结构造成过大的冲击。购买价格的设定也要合理，既要保证员工的投资回报，又要避免企业资产的低估。此外，一个明确且公平的退出机制也是必不可少的，它能为员工提供一个明确的预期，从而增加计划的吸引力和可行性。

第三节　电子商务成本控制与预算管理

一、电子商务成本构成与分析

（一）电子商务成本的主要组成部分

电子商务成本是一个多元化的概念，不仅包括直观可见的费用支出，还涵盖了背后诸多隐性的投入。技术成本是其中的重要一环，这主要体现在电子商务平台的持续开发与安全保障上。软硬件的更新换代速度极快，为了保持平台的稳定性和先进性，企业需要不断投入资金进行技术升级和维护，确保数据的安全与传输效率。运营成本也是不容忽视的一部分。电子商务平台的日常运营涉及众多环节，如网站的定期维护、用户订单的及时处理以及为客户提供咨询和帮助等。这些都需要投入大量的人力资源，并伴随着相应的物力和时间成本。每一个环节的高效运作都是提升用户体验和满意度的关键。为了扩大市场份额和提升品牌影响力，营销成本也必不可少。通过各种线上线下的推广和宣传活动，企业能够更好地触达目标客户群体，从而增加销售额。此外，物流成本在电子商务中也占据着重要地位。商品的仓储管理、配送效率以及退货处理等都直接影响着客户的购物体验和忠诚度。

（二）成本分析与核算方法

成本分析与核算是企业精确掌控财务状况、优化资源配置和制定有效经营策略的基础。通过深入的成本分析，企业可以清晰地了解到每一笔支出的去向和效用，从而更加精准地进行预算规划和控制。作业成本法和标准成本法等分析工具的应用，使得企业能够科学地将各项成本细化并合理分摊，这不仅有助于提升企业内部管理的透明度，也为企业在激烈的市场竞争中保持优势提供了有力的数据支持。在成本核算过程中，详细记录每笔费用的发生情况是至关重要的，包括了人工成本、材料成本以及运营成本等各个方面。通过这些数据，企业可以及时发现成本结构中的不合理之处，进而采取相应的调整措施。同时，定期的成本审计不仅是对成本核算准确性的检验，更是对企业整体财务状况的一次全面审视。这一环节的存在，确保了企业财务数据的真实性和可靠性，为企业的长远发展奠定了坚实的基础。

（三）识别并优化关键成本因素

在电子商务运营中，识别和优化关键成本因素对提升企业的盈利能力和市场竞争力具有举足轻重的意义。企业要想在激烈的市场竞争中脱颖而出，就必须对自身的成本结构有着深入的了解。通过详尽的数据分析，企业可以精准地识别出哪些成本因素对整体运营成本产生了较大影响。例如，高价值的广告投放可能会带来显著的客流增长，但同时也可能占用大量的营销预算；昂贵的物流成本则可能直接影响到产品的最终售价和客户满意度。面对这些关键成本因素，企业不能坐视不理，而应积极寻求优化之道。在广告投放方面，企业可以探索更多具有性价比的推广渠道，或者通过精准营销来提高广告的转化率，从而降低单位客户的获取成本。在物流领域，优化配送路线、提升包装效率、采用先进的物流管理系统等措施，都能有效减少运输和仓储过程中的浪费，进而降低物流成本。除此之外，企业内部的运营效率也是不容忽视的一环。通过改进工作流程、提升员工的专业技能和工作效率，企业可以在保证服务质量的前提下，降低日常运营中的人力和时间成本。

二、基于活动的成本核算与控制

（一）活动基础成本核算方法的介绍

活动基础成本核算方法（即 ABC 法）是现代企业管理中一种颇具前瞻性的成本管理制度。它与传统成本核算方法的显著差异在于，ABC 法不再局限于单一的产品成本计算，而是深入到企业的每一项活动之中，去详细剖析和核算成本。通过细致地将企业复杂的业务流程拆解成若干个清晰、独立的活动单元，这一方法能够更为精确地捕捉到每一环节的成本细节。这不仅仅是对产品成本的关注，更是对整个企业运营过程中每一个环节成本的全面审视。这样的核算方法，不仅提高了成本数据的准确性和透明度，更为企业在成本控制、流程优化以及战略决策等方面提供了强有力的数据支撑和决策依据。通过 ABC 法，企业可以更加明晰地掌握运营中的成本结构，从而更有针对性地进行成本优化和管理。

（二）资源成本的确认与分配

在基于活动的成本核算与控制体系中，资源成本的确认与分配无疑占据着核心地位。资源成本涵盖了企业在运营过程中所消耗的各类资源，这些资源不仅包括有形的人力、物力，还涉及无形的财力等。确认这些资源成本的过程，实际上是对企业运营过程中每一个环节的资源消耗进行详实记录的过程。这一步骤至关重要，因为它不仅确保了成本数据的真实性和准确性，还为企业后续的成本分析和管理奠定了坚实的基础。而在分配资源成本时，企业需要依据各项活动的具体需求和实际消耗来进行。这种分配方式并非简单的平均分摊，而是要深入到每一项活动的细节，根据实际消耗的资源量来进行合理的成本分配。这样做的好处是，企业能够更为精确地掌握每一项活动的成本构成，从而更为准确地评估各项活动的经济效益。通过对资源成本的精细确认与分配，企业不仅可以获得更为详实的成本数据，更能基于这些数据做出更为明智的决策。

（三）运营成本基础的资源分配实例

以京东商城为例，其运营成本由多个部分组成，其中人力成本、技术成本、物流成本等占据主导地位。采购成本也是关键，涵盖商品进货价、运输费用和关税等。京东商城与供应商密切合作，建立长期稳定的合作关系，以获得更有竞争力的采购价格。再者，市场推广费用也不容忽视，用于提高品牌知名度和销售额。同时，京东商城还要考虑物流运输费用，确保商品能够快速、准确地送达消费者手中。在资源分配上，京东商城需要权衡各方面成本，确保资源能够有效利用，同时不断优化成本结构，以提高经营效益。

三、电子商务网站的成本管理

（一）自行开发软件减少成本的策略

自行开发软件作为电子商务网站减少成本的有效手段，被越来越多的企业所采纳。通过这一策略，企业能够根据自身运营的实际需求，量身打造软件功能，从而避免了购买市面上昂贵的通用软件或支付大量的软件定制费用。这种自行开发软件的模式，不仅使得软件功能更加贴近企业的业务流程，提高了工作效率，同时也为企业节省了大量的初期投资。自行开发的软件在后续的维护和升级方面具有显著的优势。由于企业掌握着软件的核心代码和架构，在面对功能调整或系统升级时，能够更加灵活和迅速地进行响应。这种自主性不仅减少了对外部技术支持的依赖，还在长期运营中为企业节约了大量的维护成本。然而，自行开发软件也并非易事。企业在实施过程中，必须高度重视人才培养和技术积累。拥有一支高素质的开发团队是确保软件质量和开发效率的关键。此外，合理的项目管理和规划同样不可忽视。

（二）借鉴供应商优势与减少对供给方的依赖

在电子商务网站的成本管理中，巧妙地借鉴供应商的优势资源并减少对供给方的过度依赖，是一项至关重要的策略。为了实现运营的高效与稳定，企业应主动出击，积极物色行业内表现卓越的供应商，并与之建立紧密的合作关系。通过合作，企业能够有效地利用这些供应商在专业技术和服务方面的优势，进而提升自身的运营效率和用户体验，增强市场竞争力。但合作的同时，企业也需保持警惕，避免对单一供应商产生过度的依赖。为此，多元化采购和自主研发等策略应被纳入考虑范围。这些举措不仅有助于分散风险，还能在供应商出现问题时，确保企业运营的连续性和稳定性。当然，选择供应商时，严格的筛选和评估机制是必不可少的。只有那些经过认真筛选，服务质量和可靠性都得到确保的供应商，才能为企业带来真正长期和稳定的成本效益。

（三）提升系统维护与问题解决能力

对于电子商务网站而言，提升系统维护与问题解决能力是确保稳定运营和持续发展的关键所在。在数字化时代，一个稳定、高效的网站系统不仅关乎企业的形象，更是吸引和留住用户的核心要素。通过持续加强系统维护，企业能够及时发现并解决隐藏在系统背后的潜在问题，从而确保网站的顺畅运行，为用户提供无间断的优质服务。与此同时，提高问题解决能力同样至关重要。面对突发状况，如系统故障或安全问题，企业需要具备迅速响应的能力，以最短的时间恢复系统的正常运行，从而减少因此带来的经济和声誉损失。为了实现这一目标，建立完善的系统维护流程和应急响应机制显得尤为关键。这不仅可以指导企业在遇到问题时有条不紊地进行处理，还能确保各项措施的有效执行。此外，定期对员工进行相关的培训和演练也是不可或缺的环节。通过培训，员工可以更加熟悉系统的运行机制和可能遇到的问题，从而在遇到实际情况时能够迅速做出判断和应对。而利用先进的技术工具和监控手段，企业可以更加高效地辅助系统维护和问题解决，进一步提升系统的稳定性和安全性。

四、预算管理与资金控制

（一）预算编制的考虑因素与流程

预算编制作为预算管理与资金控制的核心起点，其重要性不言而喻，在进行这一关键活动时，必须全面而深入地考虑市场环境的变化、企业战略目标的设定、历史数据的分析以及未来可能的发展趋势等诸多要素。这些因素不仅影响着预算的准确性和实用性，还直接关系到企业资金使用的效率和未来的发展路径。在预算编制的流程中，明确预算目标是第一步。这一目标不仅要与企业的长期规划相吻合，还要能够反映出短期内企业希望达成的财务状态。随后，根据这一明确的目标，对各项收入和支出进行深入细致的分析，制定出既符合实际情况又具有前瞻性的预算计划。在这一过程中，确保各部门之间的充分沟通和协作至关重要。只有通过有效的沟通，才能确保数据的真实性和准确性，也才能制定出既全面又细致的预算方案。同时，预算方案的合理性和可行性也是不容忽视的考量点。一个过于理想化或不切实际的预算方案，不仅难以执行，还可能给企业带来不必要的风险和损失。预算编制完成后还需要经过严格的审批和调整过程。这一环节不仅是对预算方案的一次全面审视，更是确保其能够得到有效执行的关键。

（二）收入、成本与资金预算的控制

在预算管理的复杂体系中，对收入、成本和资金的预算控制无疑占据着举足轻重的地位。这些方面的精细化管理，对于企业的财务健康和持续发展具有深远的影响。收入预算作为企业盈利能力的直接体现，其制定必须基于深入的市场分析和销售预测。通过准确把握市场趋势，企业能够合理估计未来的销售收入，从而设定切实可行的收入目标。这一过程的科学性和准确性，直接关系到企业能否实现既定的盈利目标，进而影响其整体的经营成果。成本预算控制则是企业管理效率的直接反映，不仅要求企业对各项费用进行详尽的梳理和分类，还需要建立严格的成本控制机制，以避免不必要的开支和

浪费。通过精细化管理，企业可以更加明确地掌握各项成本的发生情况，进而制定出更为有效的成本控制策略，为企业的长远发展奠定坚实的基础。资金预算关注的是企业现金流量的平衡与稳定。在预算管理中，确保现金流的充足性对于企业的日常运营和应急处理能力至关重要，通过合理的资金预算安排，企业能够保障运营所需资金的及时供给，从而有效应对各种市场变化和突发事件，维护企业的稳定运营。

（三）预算执行的监控与调整策略

对于确保预算方案能够得到有效实施而言，预算执行过程中的监控与调整环节具有不可替代的重要性。这一过程需要企业持续、定期地将实际产生的数据与预算数据进行细致的对比和分析。通过这样的比对，可以及时发现实际运营情况与预算计划之间的偏差，并进一步探究产生这些偏差的深层次原因。在监控环节，保持与各执行部门的紧密沟通是解决问题的关键。只有建立起良好的沟通机制，才能在发现问题时迅速作出反应，集思广益，共同找到解决问题的最佳路径。这种跨部门的协作不仅可以提高问题解决的效率，还能加强企业内部的团队合作与凝聚力。当市场环境出现重大变化，或者企业内部发生结构性调整时，原有的预算方案可能不再适用。在这种情况下，企业需要及时对预算方案进行调整，以确保其能够继续有效地指导企业的运营活动。这种灵活性是预算管理中的重要特点，也是确保预算方案能够始终与企业实际情况保持一致的关键。

第四节　电子商务资金管理与财务管控

一、电子商务资金流管理基础

（一）资金流管理的基本概念

资金流管理在企业运营中占据着举足轻重的地位，贯穿于企业经济活动的始终，从资金的筹集到运用，再到回收与分配，每一个环节都至关重要。

特别是在电子商务领域，由于交易量的庞大和资金流转的快速，资金流管理的复杂性和重要性更为凸显。电商平台每天都需要处理大量的交易数据，这意味着资金的流入和流出速度非常快。因此，对资金流进行精细化的管理变得尤为重要。资金流管理不仅关乎企业的资金安全，更直接影响到企业的流动性和收益性。确保资金的安全是企业稳定运营的基础，而保持资金的流动性则是企业应对市场变化、抓住商机的关键。同时，通过合理的资金分配和投资策略，企业还可以实现资金的增值，从而提升收益性。在电子商务环境下，优化现金流成为资金流管理的核心任务之一。通过有效的现金流管理，企业可以降低资金成本，提高资金的使用效率。这不仅能够增强企业的盈利能力，还有助于提升企业在市场中的竞争力。更为重要的是，稳健的资金流管理策略还可以帮助企业更好地抵御市场风险，保障企业在复杂多变的市场环境中立于不败之地。

（二）电子商务资金流的特点

由于电子商务平台汇集了众多买家和卖家，交易量自然庞大，且交易频繁发生。这一特点要求企业必须配备高效的资金处理能力，确保每一笔交易都能准确无误地完成。无论是支付、退款还是转账，都需要系统能够快速、稳定地处理，以维护平台的顺畅运营和用户信任。电子商务的即时性特性使得资金流转速度大大加快。买家下单、支付到卖家收款，这一系列流程在电子商务环境下几乎可以瞬间完成。这种快速流转要求企业拥有更为灵活的资金管理策略，以便随时应对可能出现的资金波动和风险。同时，电子商务资金流并非简单的双边流转，而是涉及多方参与者，如消费者、支付平台、物流服务商等。这一复杂性要求资金流必须具备高度的透明度和可追溯性，每一笔资金的来源和去向都需要清晰明了，以便于各方进行核对和审计，确保资金的安全和合规性。此外，随着电子商务的全球化趋势，跨境交易越来越普遍。

（三）资金流管理的关键环节

资金流管理在电子商务运营中占据核心地位，其关键环节有资金筹集、资金使用、资金回收和资金分配，每一个环节都承载着重要的功能和意义。在资金筹集方面，电子商务平台可能需要与各类金融机构紧密合作，通过各种融资渠道来确保企业拥有足够的流动资金，从而保障日常运营的顺利进行。这种合作不仅涉及传统的银行贷款，还可能包括与风险投资、私募股权等机构的合作，以多元化的方式筹集资金，降低财务风险。资金使用是资金流管理的又一重要环节。在电子商务环境中，精细的预算和计划显得尤为重要。企业需要对每一笔支出进行严格的把控，避免不必要的浪费，同时确保资金能够高效地使用在能够带来最大效益的地方。这不仅要求企业有完善的预算制度，还需要有灵活的调整机制，以应对市场变化和运营需求。

（四）资金流优化策略

针对电子商务的独特性质，资金流优化策略的实施可以从多个维度进行深入。提高资金周转率是一个重要的方向，这通常可以通过精心策划的促销活动来实现。一方面，促销活动不仅能够刺激消费者的购买欲望，加速商品的销售，还能有效地减少库存积压，从而优化现金流。例如，定期的折扣活动、满减优惠或买一赠一等策略，都能在短时间内快速提升销售额，进而加快资金回笼。另一方面，利用金融科技工具进行资金流的智能化管理也变得越来越重要。现代化的支付和收款系统能够实现自动化处理，极大地减少了人为操作中的错误和延迟。这些系统不仅可以实时监控资金流动情况，还能提供详尽的数据分析报告，帮助企业更精确地掌握资金状况，做出更为合理的财务决策。同时，为了防范潜在的财务风险，建立风险预警机制至关重要。这种机制能够通过对各种财务指标的持续监控，及时发现异常情况，并提醒管理层采取相应措施。例如，当应收账款超过预定时间仍未收回时，预警机制就会自动启动，确保企业能够迅速介入，减少坏账风险。与金融机构的紧密合作也是优化资金流的关键。通过与银行、保险公司等金融机构建立良好的合作关系，企业可以在需要时迅速获得必要的金融支持，无论是短期贷款以应对临时性的资金短缺，还是长期投资以实现企业的战略扩张，都能得到及时有效的帮助。

二、电商平台的财务规划

（一）财务规划的重要性

在电商平台运营中，财务规划不仅是企业运营过程中的关键一环，更是企业持续发展和成功的重要保障之一。通过财务规划，企业能够全面、系统地考虑自身的财务状况，从而制定出科学合理的财务策略。财务规划能够帮助企业合理分配有限的资源。在竞争激烈的电商市场中，资源的利用效率直接关系到企业的盈利能力。通过财务规划，企业可以明确各项运营活动的资金需求，避免资源的浪费和不合理分配，确保运营活动的顺利进行。同时，财务规划还具有预测未来资金需求的功能。通过对市场趋势、业务发展情况的综合分析，财务规划能够为企业描绘出未来的资金蓝图，帮助企业提前做好资金储备和调度，以应对可能出现的资金缺口。此外，科学的财务规划还有助于企业控制成本、优化资金结构。在电商平台中，成本控制是提升竞争力的关键。通过精细化的财务规划，企业可以找到成本控制的最佳路径，实现成本与效益的最优平衡。

（二）预算编制与审批流程

预算编制在电商平台财务规划中占据着举足轻重的地位，是整个财务规划过程的基石。预算编制不仅涉及收入、支出、利润等多个核心财务指标，更要求企业全面、细致地考虑各项费用与资源的分配。通过这一环节，企业能够形成对未来一段时间内财务状况的明确预期，从而为后续的运营和管理提供有力的数据支撑。在预算编制过程中，企业需要对各项费用进行深入分析，明确每项费用的来源和去向，确保其合理性和必要性。这不仅有助于企业清晰了解自身的运营成本结构，更能为未来的财务决策提供坚实的数据基础。通过对收入、支出等关键指标的预测和规划，企业可以更加精准地把握市场动态，制定出更为符合实际情况的财务策略。审批流程则是预算编制过程中不可或缺的一环。一个健全、高效的审批机制能够确保预算编制的合理性和科学性，有效避免资源的错配和浪费。审批流程不仅要对预算编制进行全面、细致的审核，更要能够及时发现并纠正其中可能存在的问题和隐患。通过这样的流程，企业可以确保每一份资源都能得到最优的配置，从而为企业的长远发展奠定坚实的基础。

（三）财务目标的实现路径

对于电商平台运营而言，实现财务目标是一项至关重要的任务，为了确保这些目标的顺利达成，企业必须精心制定并执行一条清晰的实现路径。优化收入结构是实现财务目标的关键一环。这需要企业深入剖析市场动态，准确把握消费者需求的变化。通过对市场的敏锐洞察，企业可以及时调整产品策略，推出更符合消费者期待的产品和服务，从而提升销售收入。例如，针对消费者的个性化需求，提供定制化的产品或服务，不仅能够满足市场需求，还能为企业带来更高的利润。在降低成本费用方面，企业需要推行精细化管理，对各项费用进行严格把控。通过减少不必要的开支，提高资源的利用效率，企业可以有效地降低运营成本，包括但不限于优化采购策略、降低库存成本、提高物流效率等。每一个细节的改进，都可能为企业节省大量的成本，进而提升整体的盈利能力。此外，提高运营效率也是实现财务目标不可或缺的一环。在电商平台运营中，效率的提升往往意味着更多的交易机会和更低的运营成本。企业应积极引入技术创新，优化运营流程，从而提高整体的运营效率。例如，通过引入智能化的订单处理系统，可以大幅减少人工错误，提高订单处理速度，进而提升客户满意度和企业的市场竞争力。

（四）长期与短期财务规划

长期和短期财务规划在电商平台运营中各自扮演着不可或缺的角色，共同构成了企业财务战略的核心框架。长期财务规划以其宏观和战略性的视角，为企业绘制了未来的蓝图。它不仅关注企业的战略目标，更着眼于未来的发展方向。在这一规划下，资本投资、市场拓展、品牌建设等关键要素得以有机整合，共同推动企业朝着既定的目标稳步前行。通过深思熟虑的长期财务规划，企业能够确保宝贵的资源得到最为合理的分配，无论是对于重大的投资项目，还是品牌形象的塑造，都能给予充足的资金与精力支持。这样，企业为未来数年的发展奠定了坚实的基础，确保在市场竞争中始终保持领先地位。相对而言，短期财务规划则更注重当前的实际情况和市场动态。它密切关注市场的细微变化，以及这些变化可能对企业运营带来的影响。短期财务规划的目标在于，使企业能够灵活应对市场的短期波动，及时调整策略以抵御各种风险挑战。这种规划确保企业在面对突发事件或市场震荡时，能够迅速作出反应，保持稳健的运营态势。将长期与短期财务规划紧密结合，电商平台便能在保持战略定力的同时，又具备足够的灵活性来应对市场的多变。

三、风险防范与资金安全保障措施

（一）识别与评估财务风险

在电商平台运营过程中，识别与评估财务风险是保障企业资金安全不可或缺的一环。财务风险潜藏在市场波动、竞争态势、法律法规的每一次细微变化之中，这些因素都有可能对企业的财务状况产生深远影响。深入剖析这些风险因素，企业可以洞察到潜在的风险点，进而采取预防措施，避免陷入不必要的财务困境。定期的财务风险评估更是一种前瞻性的管理策略，不仅能帮助企业全面了解自身的财务健康状况，更能为企业的战略决策提供有力的数据支持。通过对财务风险的持续监控和评估，企业可以在变幻莫测的市场环境中保持敏锐的洞察力和快速的反应能力。这一过程要求企业不仅要有敏锐的市场感知能力，以便捕捉每一个可能影响财务状况的外部因素，还需要具备专业的财务知识和丰富的行业经验，以便对风险因素进行准确的定性和定量分析，从而制定出切实可行的风险应对策略。

（二）资金安全保障制度

资金安全保障制度是电商平台稳健运营的关键，旨在确保平台资金的安全、完整与合规性，防范潜在的财务风险。通过建立严格的资金管理制度，规范资金的收支、流转与存储过程，电商平台能够保障资金不被非法挪用或侵占。同时，该制度强调对资金流动的实时监控与预警，确保异常情况能够及时发现并处理。此外，资金安全保障制度还要求平台与可靠的金融机构合作，采取多重安全验证措施，为客户资金提供额外的保障。这些举措共同构成了电商平台资金安全的坚固防线，为平台的长期发展奠定了坚实基础。

（三）风险应对策略

面对财务风险，电商平台必须采取全面而有效的应对策略，建立风险预警机制是其中的关键一环，这种机制可以实时监控财务状况，一旦发现异常情况即触发预警，使企业能够在第一时间做出反应，及时调整策略以降低潜在损失。此外，制定周密的应急计划也至关重要，它确保企业在遭遇突发情况时能够迅速启动应急响应，最大限度地减轻风险带来的冲击。为了进一步分散风险，企业还可以采取多元化的投资策略。通过将资金投向不同的领域和项目，企业能够有效降低单一投资带来的风险，提高整体资金的安全性。同时，积极寻求与专业的风险管理机构合作也是一个明智的选择。这些机构拥有丰富的风险管理经验和专业知识，能够为企业提供专业的风险评估、咨询和服务，帮助企业构建更为完善的风险管理体系，从而更好地应对财务风险挑战。

（四）风险监控与报告机制

为了持续跟踪财务风险并迅速作出反应，电商平台必须建立完善的风险监控与报告机制。这一机制的核心在于实时监控企业的财务状况和风险水平，确保任何异常情况都能在第一时间被发现并处理。通过高精度的数据监测系统和先进的风险分析工具，该机制能够不断扫描和识别潜在的财务风险，一旦检测到异常，便会立即触发警报系统，通知相关人员及时介入。同时，定期的财务报告也是这一机制的重要组成部分。这些报告不仅详细记录了企业的各项财务数据，还深入分析了财务状况和风险点，为企业管理层提供了宝贵的决策依据。通过这些报告，企业可以清晰掌握自身的财务健康状况，及时调整财务策略，以应对不断变化的市场环境和风险挑战。

四、财务分析与绩效评估体系

（一）财务分析的基本方法

财务分析在电商企业的财务管理中占据着举足轻重的地位，其基本方法多样且各具特色。比率分析是其中的一种重要手段，它通过精确计算和深入解读诸如流动比率、速动比率等关键财务指标，来全面评估企业在偿债能力、运营效率和盈利能力等方面的表现。这种方法以数字为依据，为企业管理层提供了客观、量化的决策支持。趋势分析则是一种动态的财务分析方法，通过对比和分析连续多个时期的财务数据，清晰地揭示了企业财务状况和经营成果的变化轨迹和趋势。这有助于企业及时发现和解决潜在问题，调整和优化经营策略。比较分析则是将企业的财务数据置于更广阔的背景中进行考量，通过与其他企业或行业平均水平的对比，企业能够准确评估自身在行业中的竞争地位，从而制定更具针对性的市场策略和发展规划。这些方法相互补充，共同构成了财务分析的基础框架，为电商企业提供了全面、深入的财务管理视角。

（二）绩效评估指标体系构建

对于电商企业而言，构建绩效评估指标体系是确保高效运营和持续发展的关键所在。这一体系不仅用于衡量运营效果，更能有效激励员工，进而提升企业的整体业绩。在构建该体系时，务必确保其涵盖多个核心维度，如销售收入、客户满意度以及订单处理速度等，这些都是直接反映企业运营状况的重要指标。通过综合考量这些维度，企业能够更全面地了解自身的运营效率和市场竞争力。体系的构建并非一成不变。在结合企业实际情况的基础上，应灵活确定各项指标的具体内容和权重，同时设定合理的考核标准。这种灵活性和可调整性至关重要，它使企业能够随时根据市场的动态变化和发展需求，对指标体系进行适时的调整和优化。

（三）成本效益分析与预测

成本效益分析方法的核心在于深入对比各项投资或运营决策所需的成本与可能带来的预期效益，从而为企业判断哪些投入能够换取最大的经济回报提供科学依据。在进行此类分析时，企业必须对多个层面进行综合考虑。除了直接的原材料、人力等成本外，间接成本如管理费用、设备折旧等也不容忽视。同时，企业还需目光长远，既要考量短期内的快速回报，也要预测长期效益，确保决策的可持续性和前瞻性。

（四）财务健康状况评估

财务健康状况评估不仅着眼于传统的财务指标，如盈利能力、偿债能力，更将视野扩展至现金流状况、资产运营效率等多个维度，从而为企业提供一幅全面而细致的财务画像。这一评估的价值不仅在于了解过去与现在，更在于预见未来。通过深入挖掘和分析这些财务指标，企业能够清晰地认识到自身的财务稳健性，以及在未来可能具备的发展潜力。同时，这也是一次风险排查的好机会。在评估过程中，任何潜在的财务风险和问题都难以遁形，这为企业及时采取措施、确保运营的持续性和稳定性提供了有力的数据支持。因此，对于电商企业而言，定期进行财务健康状况评估不仅是对自身财务状况的一次摸底，更是为了在未来的市场竞争中占据有利地位，确保企业的长远发展之路走得更为稳健。

第七章　电子商务的风险管理与内部控制

第一节　电子商务的财务风险识别与评估

一、财务风险识别

（一）内部风险源识别

1. 运营风险

运营风险是电商企业在日常经营活动中所面临的不确定性，可能对企业的盈利能力、市场份额及品牌形象产生不利影响。在电商运营中，供应链管理问题是一个重要的风险点。由于电商业务涉及多方供应商、复杂的物流网络以及多变的消费需求，供应链管理一旦出现失误，就可能导致产品缺货、延迟发货或库存积压等问题，进而影响客户体验和销售额。此外，市场需求的快速变化也给电商运营带来挑战，如果企业不能及时调整商品结构和营销策略，可能会面临库存滞销的风险。同时，物流配送作为电商业务的关键环节，其成本控制也至关重要。物流成本超支不仅会影响企业的利润空间，还可能因服务质量的下降而损害客户满意度。

2. 管理风险

管理风险主要体现在企业内部控制失效、财务信息失真以及决策失误等方面。内部控制是企业管理的基础，如果内部控制系统不健全或执行不力，就可能导致资产流失、舞弊行为等问题，严重影响企业的稳健运营。同时，财务信息的准确性和及时性对于企业的决策至关重要。若财务信息失真，管理层可能基于错误的数据做出不合理的投资决策或经营策略，进而损害企业的长期利益。此外，管理层的决策失误也是一种潜在的风险。在快速变化的市场环境中，任何错误的决策都可能使企业错失良机或陷入困境。因此，建立健全的决策机制和风险管理体系对于防范管理风险至关重要。

3. 技术风险

技术风险主要涉及信息系统故障、安全漏洞以及技术更新迭代带来的成本风险。在电商领域，信息系统的稳定运行至关重要。一旦出现系统故障或遭受黑客攻击，就可能导致数据丢失、服务中断甚至客户信息泄露等严重后果，不仅影响企业的正常运营，还可能引发法律纠纷和信任危机。同时，随着技术的不断进步，企业需要不断投入资金进行系统升级和维护，以适应市场需求的变化。然而，技术更新的速度和成本也是企业需要权衡的因素。如果企业不能及时跟上技术发展的步伐，可能会面临被市场淘汰的风险。因此，加强技术研发和创新能力、建立完善的信息安全体系以及合理规划技术投入是降低技术风险的关键。

（二）外部风险源识别

1. 市场风险

市场风险是电商企业在市场竞争中所面临的不确定性，主要涉及市场竞争的激烈程度、消费者需求的变化以及宏观经济波动对企业销售的影响。随着电商行业的蓬勃发展，市场竞争日趋激烈，价格战成为一种常见的竞争手段。然而，长期的价格战不仅压缩了企业的利润空间，还可能对企业的品牌形象和长期发展造成负面影响。此外，消费者需求的多变也是市场风险的一个重要方面。随着消费者购买习惯的改变和个性化需求的兴起，企业需要不断调整和优化商品结构和营销策略，以满足市场的变化，否则，可能面临销售下滑和客户流失的风险。同时，宏观经济波动（如通货膨胀、经济衰退等）

也会对企业的销售业绩产生影响，从而增加市场风险的不确定性。

2. 供应链风险

供应链风险主要涉及供应商的稳定性、原材料价格波动以及物流配送的可靠性等方面。对于电商企业来说，供应商的稳定性至关重要。如果供应商出现破产或违约等情况，可能导致企业无法及时获得所需的商品，进而影响销售和客户满意度。同时，原材料价格的波动也是一个重要的风险因素。如果原材料价格大幅上涨，将增加企业的采购成本，进而影响企业的盈利能力。此外，物流配送的可靠性也是供应链风险的一个重要方面。如果物流配送出现延误或损坏等问题，不仅会影响客户体验，还可能引发退货和投诉等问题，进而损害企业的声誉和利益。因此，电商企业需要加强与供应商的合作与沟通，建立完善的供应链管理体系以降低供应链风险。

（三）风险识别方法与工具

1. 风险识别方法

风险识别方法是企业在进行风险管理时，用以确定和评估所面临风险的各种技术和手段。头脑风暴法是一种常用的风险识别方法，通过集中专家的智慧和经验，鼓励自由联想和讨论，以创造新的想法和方案，进而帮助识别潜在风险。这种方法能够激发集体智慧，发现可能被个体忽视的风险点。德尔菲法则是一种在一组专家中取得可靠共识的程序，专家们单独、匿名地表达各自的观点，同时随着过程的进展，他们有机会了解其他专家的观点。这个方法通过反复填写问卷，搜集各方意见，以形成专家之间的共识，从而识别出关键风险。流程图分析法是通过对企业运营流程的详细分析，来识别可能存在的风险点。通过绘制流程图，可以清晰地看到各个环节之间的关联和潜在问题，有助于企业及时发现并应对风险。

2. 风险识别工具

风险识别工具是辅助企业进行风险识别的具体手段和技术。SWOT 分析是一种战略规划技术，用于帮助组织识别内部的优势和劣势，以及外部的机会和威胁，从而制定相应的风险应对策略。通过 SWOT 分析，企业可以全面了解自身的竞争地位和市场环境，为风险识别提供有力的支持。PEST 分析是一种宏观环境分析模型，通过对政治、经济、社会和技术四个方面的分析，来识别外部环境变化可能带来的风险。这种分析有助于企业把握大势，预测潜在的风险因素。风险矩阵是一种将风险发生可能性和风险影响程度进行综合评价的工具，通过构建风险矩阵，企业可以直观地看到不同风险的大小和优先级，为风险管理决策提供科学依据。这些风险识别方法与工具各有特点，企业可以根据实际情况选择合适的方法和工具进行风险识别。

二、财务风险评估

（一）定量评估方法

1. 财务指标分析法

财务指标分析法是通过运用企业的财务报告和相关财务数据，对其偿债能力、营运能力、盈利能力和发展能力进行评估的方法。在财务风险评估中，这种方法主要关注企业的流动性、资产质量和经营效率等方面。例如，通过流动比率和速动比率来衡量企业的短期偿债能力，从而评估其面临的流动性风险；通过资产周转率来评估企业的营运效率，反映其资产管理水平；通过净资产收益率和利润率等指标来评估企业的盈利能力，预测其未来收益的稳定性。财务指标分析法能够为企业提供客观、量化的风险评估依据，帮助企业及时发现财务风险并采取相应的应对措施。

2. 概率风险评估法

概率风险评估法是一种基于概率和统计理论的风险评估方法。它通过分析和计算风险事件发生的概率及其可能造成的损失，来评估企业面临的风险大小。在财务风险评估中，概率风险评估法主要应用于预测和衡量潜在损失的可能性。例如，可以利用历史数据和市场情况，估算企业某项投资决策可能产生的损失概率和损失金额，从而为企业决策提供风险量化的依据。概率风险评估法不仅考虑了风险事件发生的可能性，还量化了风险事件对企业财务的潜在影响，使企业能够更准确地评估风险并制定相应的风险管理策略。

3. 敏感性分析法

敏感性分析法是通过分析某个或多个关键因素的变化对企业财务指标的影响，来评估企业的财务风险敏感性。这种方法主要关注企业财务状况对特定因素变化的反应程度，如可以分析利率、原材料价格、销售量等关键因素的变化对企业利润、现金流等财务指标的影响。通过敏感性分析，企业可以了解哪些因素对财务状况的影响最大，从而制定相应的风险管理措施来应对这些关键因素的变化。敏感性分析法有助于企业及时发现潜在的风险点，提高风险管理的针对性和有效性。同时，它还可以为企业制定灵活的财务策略提供有力支持，以应对不断变化的市场环境。

（二）定性评估方法

1. 专家评估法

专家评估法是一种依赖行业专家或领域内的权威人士对特定风险进行评估的方法。在财务风险评估中，专家评估法通过邀请具有丰富经验和专业知识的专家，利用其深厚的行业认知和判断力，对企业财务状况及潜在风险进行主观评估。这种方法特别适用于数据不充足或情况复杂难以量化分析的场景。专家们会综合考虑市场环境、企业经营策略、财务状况等多个方面，结合自身经验，给出定性的风险评估结果和建议。专家评估法的优点在于能够充分利用专家的智慧和经验，缺点是评估结果可能受到专家个人偏好和主观性的影响。

2. 风险矩阵法

风险矩阵法是通过构建一个二维矩阵来综合评估风险的大小和发生概率，从而确定风险级别的方法。在财务风险评估中，风险矩阵的横轴通常代表风险发生的概率，纵轴代表风险发生后可能造成的损失程度。企业可以根据自身情况，将各项财务风险因素放入矩阵中进行评估，从而确定每项风险的具体级别。这种方法能够帮助企业直观地了解各项财务风险的大小和紧迫性，为风险管理决策提供依据。风险矩阵法的优点在于其简单易行，能够快速地对企业面临的财务风险进行排序和分类，缺点在于评估结果可能受到主观判断的影响，且对于复杂或新兴风险的评估可能不够准确。

3. 历史类比法

历史类比法是通过参考过去类似情况下的风险事件和经验，来评估当前财务风险的方法。这种方法假设历史会重演，即在相似的环境和条件下，风险事件的发生概率和影响程度可能相似。在财务风险评估中，企业可以通过分析历史上类似企业的财务风险事件，以及这些事件的结果和影响，来预测和评估当前企业可能面临的财务风险。历史类比法的优点在于其基于实际发生过的案例，具有较强的现实性和说服力，但其局限性在于历史并不总是完全重演，且不同企业之间的具体情况可能存在较大差异，因此需要谨慎使用。同时，对于新兴行业或市场环境发生显著变化的情况，历史类比法的适用性可能会受到限制。

（三）综合评估与风险排序

1. 多维度综合评估方法

多维度综合评估方法是一种全面考虑多种风险因素，从不同角度对企业风险进行综合评估的技术。在财务风险评估中，这种方法结合了定量数据和定性分析，以确保评估的全面性和准确性。评估时，除了考虑财务指标，如资产负债率、流动比率等量化数据外，还纳入市场环境、管理层能力、行业发展趋势等确定性因素。通过赋予不同维度以相应的权重，综合计算出一个总体的风险评估得分。这种方法有助于企业更全面地了解自身财务风险状况，发现潜在的风险点，并制定针对性的风险管理策略。

2. 风险排序与优先级确定

风险排序与优先级确定是风险评估流程中的关键环节，在识别出企业面临的各种财务风险后，需要对这些风险进行排序，以确定处理的优先级。排序通常基于风险的大小、发生概率以及可能造成的损失等因素。高风险、高概率、高损失的风险应被优先处理。通过明确的优先级排序，企业可以合理分配资源，首先应对那些对企业影响最大的财务风险。这有助于企业在资源有限的情况下，实现风险管理的最大效益。

3. 风险评估报告的编制

风险评估报告是记录和分析企业财务风险评估结果的重要文件。编制该报告时，需要详细列出已识别的财务风险点，包括风险描述、原因分析、可能的影响以及相应的应对措施。报告还应包含风险评估的方法、数据来源和评估过程的说明，以确保报告的透明度和可信度。此外，风险评估报告还应提供风险排序和优先级确定的结果，为企业管理层提供清晰的决策支持。通过定期更新和审阅风险评估报告，企业可以持续监控财务风险状况，及时调整风险管理策略，确保企业的稳健运营。

三、财务风险应对策略

（一）风险降低策略

1. 风险预防与控制

风险预防与控制是降低风险策略中的核心环节，主要涉及通过建立完善的风险管理制度和内部控制机制，来预防风险事件的发生，并在风险发生后及时控制损失。在财务风险领域，这通常包括设立严格的财务预算和审批流程，确保资金使用的合规性和效率；实施定期的财务审计，以及时发现和纠正潜在的财务风险；建立风险应急预案，确保在风险事件发生时能够迅速响应，控制损失。通过这些措施，企业可以在风险发生前就进行预防，并在风险发生后有效控制其扩散和影响，从而保障企业的财务安全。

2. 风险分散与多元化

风险分散与多元化是另一种有效的风险降低策略，其强调通过分散投资或经营领域，来减少单一风险事件对企业整体造成的冲击。在财务风险管理中，这通常意味着企业不应将所有资源都集中在某一特定项目或市场上。例如，企业可以通过拓展不同的产品线、进入多个市场或投资不同的资产类别，来实现风险的分散。这样，即使某个领域遭遇风险，其他领域的稳定表现也能起到对冲作用，从而降低整体财务风险。多元化不仅有助于减少特定风险的影响，还能增强企业的整体抗风险能力。

3. 风险缓解措施

风险缓解措施是在风险事件发生后，为减轻其对企业造成的负面影响而采取的一系列行动。这些措施旨在降低风险事件带来的损失，并帮助企业尽快恢复正常运营。在财务风险管理中，风险缓解措施可能包括寻求外部融资以缓解资金压力、与债权人协商债务重组以减少负债负担、调整经营策略以适应市场变化等。此外，企业还可以通过建立风险储备金或购买相关保险来转移部分财务风险。这些风险缓解措施有助于企业在面临财务风险时保持稳健的运营态势，并为未来的恢复和发展奠定基础。

（二）风险转移策略

1. 保险策略

保险策略是风险转移策略中常用的一种方法，企业可以通过购买相关保险产品，将部分或全部风险转移给保险公司。在财务风险管理中，当企业遭受财务风险事件，如财产损失、业务中断或法律责任等时，保险公司将承担约定的赔偿责任。这样，企业能够减轻因不可预见事件带来的财务压力。例如，企业可以购买财产保险以覆盖因自然灾害或意外事故导致的资产损失，或者购买责任保险以应对因业务活动可能引发的第三方索赔。通过合理的保险策略，企业可以将部分或全部财务风险转嫁给专业的保险机构，从而更加专注于核心业务的发展。

2. 外包与合作伙伴选择

外包与合作伙伴选择是另一种有效的风险转移策略，企业可以将某些非核心业务或高风险业务环节外包给专业的服务提供商，从而将这些业务环节相关的风险也一并转移。例如，在信息技术领域，企业可以选择将数据中心运营、网络安全等关键业务外包给具有丰富经验和专业技术的服务商。这样，一旦出现问题，服务商将承担相应的责任，降低了企业自身的风险。同时，通过与可靠的合作伙伴建立长期稳定的合作关系，企业可以进一步分散风险，并确保在关键时刻得到必要的支持和援助。这种策略不仅能够减轻企业的风险管理负担，还有助于提升整体业务运营的效率和稳定性。

第二节　风险应对策略与内部控制机制

一、风险应对策略概述

（一）风险应对策略的定义与重要性

风险应对策略作为企业稳健运营的守护神，承载着应对潜在或现存风险的重要任务。这些精心设计的行动方案，不仅覆盖了风险的预防、缓解和转移，更考虑到了风险事件发生后的紧急应对措施。在现代复杂多变的商业环境中，企业面临的内外部风险层出不穷，从市场波动到财务压力，从运营挑战到技术更新，每一个环节都可能隐藏着潜在的风险。一个周全而高效的风险应对策略，就如同一张精心编织的安全网，能够在企业遭遇风险冲击时提供有力的支撑。通过迅速而准确的反应，企业不仅能够最大限度地减少损失，甚至有可能在危机中发掘新的机遇，从而稳健地驶向可持续发展的未来。

（二）风险应对策略的分类及选择原则

风险应对策略的多样性体现了企业对不同风险的精细化处理方式。风险规避、风险减少、风险转移和风险接受，每一种策略都有其独特的应用场景和实施目的。风险规避策略更像是一种预防性的自我保护，当某些活动可能带来的风险过大时，企业会选择放弃或调整这些活动，从而在源头上避免风险的发生。风险减少策略更多的是通过积极的措施来降低风险的发生概率或其可能带来的损失，这体现了一种主动应对的态度。风险转移策略是一种巧妙的策略，通过保险、外包等手段，企业将风险分散或转移给其他实体，从而减轻自身的风险压力。当然，有时企业也会选择风险接受策略，这通常是在对风险进行深入评估后，认为承担该风险是可行的，或者风险带来的潜在收益超过了可能的损失。在选择这些策略时，企业必须综合考虑成本效益、全面覆盖和灵活性，以确保所选策略能够在经济性、有效性和适应性上达到最佳平衡。

（三）风险应对策略的制定流程与实施要求

风险应对策略的制定过程是一个系统而严谨的工程，其首要步骤是进行一场深入且全面的风险评估。这一评估环节的核心在于精准识别出企业所面临的所有潜在风险点，这些风险可能藏匿于市场变动、供应链波动、技术革新、法律政策调整等诸多方面。对于每一个识别出的风险，都需要进一步对其发生的可能性和一旦发生可能对企业造成的影响进行详细评估。这种评估为后续策略的制定提供了坚实的数据基础和方向指引。在得到了风险评估的详尽结果后，接下来的工作便是结合企业的长远战略目标、当前的资源储备状况以及外部市场环境，精心策划和选定最适合的风险应对策略。这一过程中，策略的具体性、在实际操作中的可行性以及执行效果的可衡量性都是必须考虑的关键因素，它们直接关系到策略在未来实施中的顺利与否和效果评估的准确性。当风险应对策略正式进入实施阶段时，企业需要确保这些策略与日常运营活动紧密结合，避免出现策略与实际运营脱节的情况。同时，定期的策略执行效果评估和调整也是不可或缺的，它们帮助企业及时发现问题，对策略进行必要的修正，确保其始终保持在最优状态。此外，提升全员风险意识，通过专业培训增强员工应对风险的能力，也是保障策略有效执行的重要环节。

二、预防性风险应对策略

（一）风险识别与评估在预防性风险应对策略中的应用

风险识别与评估在预防性风险应对策略中扮演着至关重要的角色，这一步骤要求企业对其内外部环境进行细致入微的分析，从而精准识别出那些可能对企业运营产生不利影响的潜在风险因素。这些风险因素可能源于市场需求的波动、竞争对手的策略变化、政策法规的调整，或是技术进步的挑战等。识别风险后，紧接着的任务便是对这些风险进行深入的评估，包括风险的大小、发生的可能性以及一旦触发可能带来的具体损失。这一系列的识别与评估工作，不仅使企业能够清晰、全面地掌握自身所面临的风险全貌，更为接下来的策略制定提供了有力的数据支撑和决策依据。以供应链风险为例，如果企业在此过程中识别到供应链存在中断的隐患，那么基于这一评估，企业便可以未雨绸缪，提前规划应对策略，如寻找替代供应商、调整库存策略，或是优化物流管理，以此来有效减轻未来可能出现的供应短缺对企业运营造成的冲击。

（二）规章制度建设与预防性风险管理

企业构建一套完善的规章制度体系，实际上是为自身的稳健运营筑起了一道坚实的防线。这套体系详尽地规定了企业内各项业务流程的操作规范，使得每一个工作环节都有明确的指导和约束。这样做的好处显而易见：它极大地减少了人为错误和违规操作的可能性，提高了整体的工作效率和质量。这些规章制度不是一成不变，而是需要随着企业环境和市场需求的变化进行动态调整和优化。比如，在财务管理方面，随着税法和财务制度的更新，企业的相关规章制度也应随之修订。在安全生产和环境保护等关键领域，规章制度更是要时刻保持与时俱进，确保企业的运营不仅合规，而且高效。规章制度的建立只是第一步，更为关键的是其执行和监督。只有当这些制度得到严格的执行，并配以有效的监督机制，企业才能及时发现运营过程中的风险点，并迅速采取措施予以纠正。只有这样，企业的稳健运营才能得到有力的保障。

（三）员工培训与风险意识提升措施

员工培训在提升全员风险意识方面发挥着不可或缺的作用，企业通过定期组织风险知识培训、模拟应急演练等多样化活动，旨在帮助每一位员工更深入地理解风险管理对于企业稳健运营的重要性。在这些培训活动中，员工们不仅能够学习到风险识别、评估和控制的理论知识，更能够掌握在实际工作中应对各种风险的基本技能和操作方法。除了正式的培训活动，企业在日常工作中也不断强调风险意识的重要性。通过鼓励员工主动识别和报告身边的潜在风险，企业逐渐营造出一种积极防范风险的文化氛围。这种文化氛围的形成，对于提高企业的整体风险管理水平具有显著的推动作用。当风险事件真正发生时，这种已经深入人心的风险意识和应对技能将使企业能够迅速调动全员力量，进行有效的风险应对，从而最大限度地减轻风险带来的损失。

三、应对性风险应对策略

（一）应急预案的制定与演练

对于企业而言，这不仅仅是一项准备工作，更是一种对未知风险的主动防御。在制定应急预案的过程中，企业需要对可能遭遇的各类风险事件进行深入且全面的分析。这种分析不仅要覆盖风险的种类和性质，还要考虑到风险可能带来的具体影响。针对每一种识别出的风险情况，企业需要精心制定相应的应急预案。这些预案不仅要明确风险事件发生后的应对流程，还要详细指定各个环节的责任人，确保在紧急情况下能够迅速找到决策者和执行者。同时，预案中还需对资源配置进行周密的规划，包括物资准备、人员调配等，以保证应对工作的顺利进行。此外，预案还应包含一套高效的沟通协作机制，以便在风险事件发生时，各部门和人员能够迅速协调行动，共同应对。而应急预案的制定并非一劳永逸，定期的应急演练是检验其可行性和有效性的关键环节。通过模拟真实的风险场景，企业可以发现预案中存在的不足，进而及时进行修正和完善。这样，当企业真正面临风险时，便能够依靠经过反复锤炼的应急预案，从容不迫地展开应对工作。

（二）风险事件发生后的快速响应机制

在风险事件真正降临之际，一个高效的快速响应机制显得尤为重要，其能够大幅减少潜在的损失，并帮助企业迅速恢复正常运营。这一机制的核心在于其明确且迅速的信息传递流程。当风险被触发时，相关信息必须能够立即被捕捉到，并通过既定的渠道准确无误地传递给负责应对的部门。这种信息传递的及时性和准确性，对于后续的应急响应至关重要。为了更有效地应对风险事件，企业应组建专门的应急响应团队。这个团队不仅要具备丰富的专业知识和实战经验，还要能够在高压环境下迅速做出决策，并协调企业内外的各种资源来实施应对措施。团队成员之间的紧密协作和高效沟通是确保响应机制成功的关键。此外，与外部实体的沟通和协作同样不可忽视。企业需要与政府部门保持密切联系，以便在必要时获得政策支持和专业指导。同时，与合作伙伴和媒体的有效沟通也有助于维护企业的公共形象，减少误解和负面影响，甚至可能在关键时刻为企业争取到宝贵的外部援助。

（三）资源调配与恢复策略

在应对风险事件的挑战时，资源的合理调配显得尤为关键，其直接关系到企业能否迅速恢复正常运营。为此，企业必须建立一套完善的资源储备和调配机制。这一机制不仅要确保在风险事件发生后，企业能够立即调动所需的人力、物资和资金，还要保证这些资源能够以最高效的方式被利用。除了资源的即时调配，制定周密的恢复策略也是企业应对风险事件的重要环节。这一策略需要详细规划如何在短期内恢复正常运营，以减少因风险事件造成的停产损失。同时，恢复策略还应包括长期规划，旨在通过技术升级、管理优化等手段，提升企业的整体抗风险能力。通过资源调配与恢复策略的双重保障，企业不仅能够在风险事件发生后迅速应对，减少直接损失，还能在长期的运营过程中，持续提升自身的稳健性和抵御风险的能力。这种综合应对策略，有助于企业在复杂多变的市场环境中保持竞争优势，实现可持续发展。

四、内部控制机制的建立与完善

（一）内部控制机制的基本概念与目标

这一机制涵盖了为确保企业业务活动有效性、财务报告可靠性以及法律法规遵循性而精心设计和实施的一系列程序、措施与政策。它的核心在于构建合理的组织架构，明确各级管理与执行的权责，从而对企业内部各项活动实施全面而细致的监督与控制。通过这一机制，企业旨在保障其资产的安全与完整，确保所有经济信息的真实性与可靠性。同时，它还能促进企业内部各部门之间的协调合作与相互制约，形成一个和谐而高效的工作环境。这不仅有助于提升企业的经营效率，更能显著增强其业务成果。建立健全的内部控制机制，实质上是企业在规范自身运营行为、预防潜在风险方面迈出的重要一步，为企业的长远发展和持续稳定奠定了坚实的基础。

（二）业务流程规范与审批权限设置

业务流程规范在内部控制机制中扮演着举足轻重的角色，其详细规定了企业各项业务流程的具体操作步骤、明确的责任分配以及严格的时间管理，从而确保企业的业务活动能够有条不紊地推进。这种规范性不仅降低了操作过程中的随意性和人为错误，还提高了工作效率和数据准确性。与此同时，合理的审批权限设置对于确保内部控制的有效性也至关重要。审批权限的分配必须根据各个业务环节的风险级别和关键性来精细设计。对于高风险或重要的交易与决策，企业应设定更为严格的审批流程，确保它们能够得到相应层级管理者的审慎审核和最终批准。这样做既防止了权力的滥用，也增强了决策的透明度和合理性。

（三）内部审计与监督机制的建立

内部审计与监督机制在内部控制机制中占据着举足轻重的位置。内部审计不仅深入探究企业的财务状况和经营成果，更对内部控制的有效性进行独立的审视和评价。这一环节的存在，旨在帮助企业及时发现那些可能隐藏在日常运营中的问题和风险，并针对这些问题提供切实可行的改进建议。为了确保内部审计的独立性和公正性，企业应当专门设立一个内部审计部门，并为这个部门配备经验丰富、具备专业审计知识和技能的人员。只有这样，才能确保审计结果的客观性和准确性。此外，监督机制的构建也是保障内部控制长久有效的基石。企业应该制定一套定期自查和评估的流程，对内部控制机制进行全面的体检。通过这种方式，企业可以及时发现并修正那些在运行过程中出现的问题和不足，确保整个内部控制体系的持续优化和完善。

五、风险管理与内部控制的融合

（一）风险管理与内部控制的互补关系

风险管理与内部控制之间存在密切的互补关系：风险管理主要关注企业面临的各种风险，包括市场风险、财务风险、运营风险等，并致力于制定策略和措施来降低这些风险；内部控制则更侧重于企业内部流程、操作和管理的规范性，以确保企业运营的合规性和效率。两者相互补充，共同构成了企业稳健运营的基础。通过风险管理，企业可以识别和评估潜在风险，为内部控制提供目标和方向；通过内部控制，如规范流程和操作，企业可以确保风险管理的措施得到有效执行。

（二）将风险管理理念融入内部控制实践

将风险管理理念融入内部控制实践是提高企业管理水平的关键，要求企业在设计和实施内部控制时，充分考虑风险因素，将风险识别、评估和控制作为内部控制的重要环节。具体而言，企业可以在制定内部控制政策和程序时，明确风险管理的目标和原则，确保内部控制措施与风险管理策略相一致。同时，通过加强员工的风险管理培训，提升全员风险管理意识和能力，使内部控制更加贴近企业实际风险状况。这样，企业不仅能够更好地应对潜在风险，还能提高运营效率和效果。

（三）一体化的风险防控体系构建与实施

构建与实施一体化的风险防控体系是企业实现稳健运营的重要保障。这一体系应将风险管理与内部控制紧密结合，形成一个统一、高效的风险防控机制。在构建过程中，企业应明确风险防控的目标和原则，整合风险管理和内部控制的资源，确保两者在体系中的协同作用。同时，通过制定完善的风险防控流程和措施，明确各部门和人员的职责和权限，确保风险防控工作的有效执行。在实施过程中，企业还应加强监督和评估，及时发现并纠正存在的问题和不足，不断完善和优化风险防控体系。这样，企业能够更好地应对各种风险挑战，实现持续稳健的发展。

第三节　合规性与审计的重要性

一、合规性的核心意义

（一）合规性定义及其重要性

合规性是现代企业运营中不可忽视的核心理念，简而言之它衡量的是企业行为与国家法律、法规以及行业标准的契合度。在现代多变且竞争激烈的商业环境中，合规性不仅仅是对法律的遵守，更深层地体现了一个企业对社会的责任和担当。企业作为社会经济活动的重要参与者，其行为举止直接关系到整个社会的福祉和稳定，合规性的重要性由此显得尤为突出。合规性像一把无形的尺，时刻衡量着企业在商业活动中的道德和法律尺度，确保企业在追求经济利益的同时，始终不触碰社会的道德和法律红线。一个高度重视并实践合规性的企业，在市场的风起云涌中，总能保持一颗冷静而审慎的心。这样的企业，不会因为短暂的利益而迷失方向，更不会因为一时的诱惑而违背初心。它们深知，只有坚守商业道德，才能在消费者、投资者以及众多合作伙伴中建立起坚实的信任基础。这种信任，是无价的资产，也是企业在激烈市场竞争中稳健前行的有力保障。

（二）合规性对企业稳健发展的影响

合规性对企业的稳健发展确实具有深远的影响，这种影响渗透到企业经营的方方面面。在降低法律风险方面，合规经营起着至关重要的作用。企业如果严格遵守国家法律法规和行业标准，就能有效避免陷入违法的困境，从而预防因此产生的法律纠纷和经济损失。这种预防性的措施，实质上是为企业稳健发展筑起了一道坚实的法律风险防线。合规性在提升企业内部管理水平上发挥了积极的作用。为了实现合规，企业必须建立规范化、标准化的运营流程。在这一过程中，企业不仅对现有的管理流程进行梳理和优化，更在无形中提高了整个组织的运行效率和执行力。这种内部管理的提升，使得企业在日常运营中更加有序、高效，进而提高了产品和服务的质量。此外，合规性还在增强企业市场竞争力方面扮演了关键角色。在消费者日益关注企业社会责任和道德标准的今天，一个合规经营的企业往往能够赢得更多消费者的青睐。这种正面的市场形象，不仅有助于企业在激烈的市场竞争中脱颖而出，更能为其带来持久的品牌忠诚度和市场份额。

（三）合规性在维护企业声誉中的作用

在信息时代，企业的声誉显得尤为重要，不仅是企业形象的体现，更是其长期发展的基石。而在这个以信息传播为主导的时代，合规性无疑成为维护企业声誉的关键因素。通过严格遵守国家法律法规和道德规范，企业展现出的不仅是对法律的尊重，更是对商业道德的坚守。这种坚守，使得企业在公众眼中树立起诚信、负责任的形象。这种形象是无价的，它能够吸引更多的消费者和投资者，为企业带来持续且稳定的商业机会。在遭遇危机事件时，那些平时注重合规性的企业往往能够更为迅速和有效地应对。因为它们已经建立了一套完善的应对机制，能够在第一时间控制事态，减少负面舆论的扩散，从而最大限度地保护企业的品牌形象。这种能力，对于那些忽视合规性的企业来说，是难以企及的。

二、审计在保障合规性中的作用

（一）审计的定义及目的

审计是对企业财务与业务活动的独立评估手段，其核心价值在于保障企业信息的真实与完整。这种真实性不仅体现在数字的准确性上，更在于反映出企业真实的运营状态和财务状况。同时，审计也是检验企业运营是否合规、是否高效的一把标尺。在这个过程中，企业的每一个角落，从财务报表到业务流程，都会被细致入微地审视。审计并非仅仅停留在财务报表的数字核对上，它更像是一次对企业全面的“体检”。这种深度剖析能够触及企业运营管理的各个层面，从而挖掘出那些可能隐藏在日常运营中的问题和风险。这些潜在的问题，如果没有审计的“火眼金睛”，可能很难被企业自行发现。审计不仅仅是为了找出问题，更是为了提供解决方案。在发现问题的同时，审计人员会根据其专业知识和丰富经验，为企业提供宝贵的改进建议。这些建议往往能够针对性地解决审计过程中发现的问题，帮助企业优化流程、提升效率，从而实现更为稳健和高效的运营。通过这种方式，审计不仅确保了企业信息的真实性和完整性，更为企业的长远发展提供了有力的支持。

（二）审计在发现与纠正违规行为中的应用

审计在企业运营中充当着守护者的角色，特别是在发现与纠正企业违规行为方面，其作用尤为突出。审计人员以专业、细致的眼光，深入剖析企业的财务报表、业务流程及各项相关记录。他们如同侦探一般，敏锐地搜寻着异常数据和不寻常的操作模式，这些都是揭示潜在违规行为的线索。当审计人员捕捉到这些异常时，他们会迅速而准确地识别出问题的根源，无论是财务报表中的不一致，还是业务流程中的不合规操作，都难逃他们的法眼。发现问题的同时，审计团队会立刻与企业管理层进行深入的沟通和交流。这不仅是为了及时报告和解释所发现的问题，更是为了推动问题的迅速纠正和解决。在这一过程中，审计的价值不仅体现在问题的发现上，更在于其对企业合规性的长期维护。通过审计的定期检查和监督，企业能够不断完善其内部控制体系，加强合规意识，从而有效防止类似问题的再次发生。

（三）审计对企业合规性持续监督的意义

审计在企业运营中承载着监督合规性的重要使命，其持续性的监督活动不仅关乎企业当下的运营状态，更深远的影响在于保障企业的长远发展。通过周期性的、系统的审计检查，企业能够持续校验自身运营是否严格遵循了国家法律法规以及行业内的各项规定。这种严格的自我监督，不仅有助于企业及时识别和纠正潜在的违规行为，更能有效避免因疏忽或故意违规而可能引发的法律风险和经济损失。此外，审计的定期执行还推动企业不断完善和优化其内部控制机制。在审计过程中发现的问题和不足，往往成为企业改进管理、提升效率的契机。企业可以根据审计结果，针对性地加强内部控制，优化业务流程，从而提升整体运营效率和风险管理水平。审计的透明度和公信力为企业赢得了外部利益相关者的信任。对于投资者而言，经过严格审计的财务报告是他们评估企业健康状况和做出投资决策的重要依据。同样，消费者也更倾向于选择那些财务透明、合规运营的企业。因此，通过审计的持续监督，企业不仅能够保障自身的合规运营，更能在激烈的市场竞争中稳固品牌形象，为企业的可持续发展打下坚实的基石。

三、合规性与审计的相互促进关系

（一）合规性要求推动审计的深入

合规性要求作为现代企业运营不可或缺的一部分，为企业行为划定了明确的红线，同时也为审计工作设定了清晰的目标和范围。这些规范和标准的存在，无形中推动了审计工作的深入与细致，使其不再是一个简单的核查过程，而是一次对企业全方位、多角度的审视。为了满足这些严格的合规性要求，企业必须进行详尽无遗的审计。这不仅涉及财务报表的准确性和完整性，更包括企业各项业务活动是否严格遵循了国家法律法规以及企业内部制定的各项政策。这种深入骨髓的审查，使得审计工作不再浮于表面，而是真正沉下去，触及企业运营的每一个细微环节。这一过程中，审计工作仿佛获得了一面坚固的盾牌和一把锐利的剑：盾牌在于，合规性要求为审计提供了明确的指导和依据，使得审计工作更加有的放矢；剑在于，通过这些要求，审计能够更深入地剖析企业，揭示出那些可能被忽视或隐藏的问题和风险。

（二）审计结果对合规性改进的指引作用

审计结果作为对企业运营状况的全面诊断，其重要性不言而喻，其不仅是一份详尽的报告，更是一份为企业合规性改进提供有力指引的路线图。通过审计的深入剖析，企业能够清晰地看到自身在合规性方面存在的短板和漏洞，这些发现如同明镜一般，让企业对自己的运营状态有了更为真切的认识。审计结果并不仅仅停留在问题的揭示上，还为企业提供了宝贵的数据支持和深入的分析。这些数据和分析，如同指南针一般，为企业指明了改进的方向和目标。企业可以根据审计结果中反映出的问题，有针对性地制定改进措施，避免盲目行动，确保每一次的改进都有的放矢。在合规性提升的道路上，审计结果起到了至关重要的指引作用。它让企业明白，合规性不仅仅是一种外在的要求，更是企业自身健康、稳定发展的内在需要。有了审计结果的指引，企业在合规性改进的道路上将走得更加坚定和有力，每一步都朝着更为规范、更为高效的目标迈进。因此，审计结果不仅是企业运营状况的全面反映，更是推动企业合规性不断提升的重要力量。

（三）合规性与审计的协同效应分析

合规性与审计之间的关系是一种相互促进、共同提升的协同效应。合规性如同一个严谨的框架，为企业的运营设定了明确的边界和标准。这一标准的存在，直接推动了审计工作的深入和细致。在合规性的指引下，审计不再只是浅尝辄止，而是能够更深入地探究企业的每一个角落，从而帮助企业更全面地审视自身的运营状态与潜在风险。与此同时，审计结果并非孤立的存在，它为企业合规性的改进提供了坚实的支撑。审计所揭示的问题和不足，成为企业改进合规性的有力依据。在这些结果的指引下，企业可以更加明确地知道在哪些方面需要进行调整和优化，以便向更高的合规标准靠拢。这种合规性与审计之间的协同效应，不仅在日常运营中提升了企业的效率和风险管理水平，更在战略层面上增强了企业的整体竞争力。一个合规运营、风险可控的企业，无疑会在市场中获得更多的信任和认可，进而在激烈的商业竞争中占据有利地位。因此，对于企业而言，深入理解并充分利用合规性与审计之间的协同效应，不仅是保障短期稳健运营的需要，更是实现长期可持续发展的关键。

四、加强合规性与审计的措施建议

（一）构建和完善合规管理体系的策略

为了深度强化企业的合规性，首要且核心的任务是构建一套既全面又系统的合规管理体系。这一体系不仅应明确界定合规政策与程序，使之成为企业运营的坚实基石，还需设立专门的合规部门或岗位，以专业的视角和严谨的态度，持续监督并严格执行这些合规标准。企业应秉持动态管理的理念，定期对现有合规制度进行全面评估，确保其有效性与适应性。面对不断变化的法律法规和市场环境，企业需灵活调整和完善合规制度，以确保其始终符合外部要求，并有效应对潜在风险。同时，加强员工培训也是构建合规管理体系不可或缺的一环。通过系统的培训和教育，提升全员合规意识，确保每位员工都能深刻理解合规的重要性，并在日常工作中自觉遵循合规要求。这种全员参与的合规文化，将为企业筑起一道坚实的防线，有效预防违规行为的发生。此外，为了巩固合规文化的根基，企业还应建立有效的合规激励机制和问责制度。通过正向激励，鼓励员工积极践行合规理念；同时，对于违规行为，必须坚决问责，以儆效尤。这样的机制将确保合规管理体系的权威性和有效性，为企业的持续健康发展提供有力保障。

（二）提升内部审计团队能力的途径

提升内部审计团队的能力是保障审计作业高效与精准的核心策略，企业应将人才视为审计部门发展的根本，积极吸纳并培育具备深厚专业知识、精湛技能及丰富实战经验的审计人才。这不仅要求团队成员具备扎实的会计、财务知识，还需掌握数据分析、风险评估等现代审计技术，以构建一支结构均衡、素质卓越的审计队伍。持续的学习与成长是审计团队不可或缺的特质。

企业应定期组织内部培训，邀请行业专家进行授课，分享最新审计理念、技术工具及案例分析，确保审计团队能够紧跟时代步伐，把握行业动态与法规变迁。同时，鼓励团队成员自我学习，拓宽知识视野，提升综合素质。此外，构建跨部门的沟通桥梁也是提升审计效能的重要途径。企业应倡导开放、协作的工作氛围，鼓励审计团队与财务、业务等部门建立紧密的联系，通过定期会议、信息共享等方式，加强交流与合作，使审计团队能够更深入地了解企业运营的全貌，精准捕捉潜在风险点，为企业的稳健发展贡献力量。

（三）加强与外部监管机构合作的方法

加强与外部监管机构的深度合作是确保企业合规运营、紧跟监管步伐的重要策略。企业应展现出高度的主动性和前瞻性，积极寻求与监管机构的沟通与合作机会。通过定期参与监管会议、研讨会及专业培训，企业不仅能第一时间获取监管政策的最新动态，还能深入理解监管背后的逻辑与导向，从而更准确地调整自身合规策略。在信息报告方面，企业应建立健全的披露机制，确保重大事项及合规进展的及时、准确、全面报告。这不仅有助于增强监管机构对企业的信任，还能在关键时刻为企业提供有力的合规证明。此外，企业还应鼓励员工主动报告合规疑虑或问题，形成全员参与的合规氛围。为了进一步提升合规管理水平，企业可主动邀请监管机构进行现场检查或指导。这种开放、透明的态度，不仅体现了企业对合规的坚定承诺，还能借助监管机构的专业视角，深入剖析企业合规体系中可能存在的盲点或不足，从而有针对性地进行改进和优化。通过这样的合作，企业能够不断提升自身合规能力，为可持续发展奠定坚实基础。

第八章　电子商务环境下的财务管理模式创新研究

第一节　电子商务对财务管理产生的冲击

一、电子商务对投资管理的冲击

（一）投资决策过程的变革

1. 信息获取渠道的拓宽与速度提升

在电子商务的推动下，投资决策过程中的信息获取渠道得到了极大的拓宽，传统的信息来源，如报纸、电视、行业报告等，已经逐渐被互联网上的各种专业平台、社交媒体、实时新闻所取代。投资者可以通过搜索引擎、金融平台、专业论坛等，快速获取到全球范围内的市场动态、行业趋势、公司财报等关键信息。同时，信息的传播速度也得到了显著提升，投资者可以几乎实时地了解到市场的最新变化，从而做出更为及时、准确的投资决策。

2. 数据分析方法在投资决策中的应用

电子商务的发展也促进了数据分析方法在投资决策中的广泛应用。借助大数据、人工智能等先进技术，投资者可以对海量的市场数据进行深度挖掘和分析，从而发现潜在的投资机会和风险点。例如，通过机器学习算法，投资者可以对历史数据进行训练，构建出预测模型，对未来的市场走势进行更为精准的预测。此外，数据分析还可以帮助投资者更好地了解企业的财务状况、经营效率、市场竞争力等，为投资决策提供更为全面、客观的依据。

（二）投资管理模式的创新

1. 线上投资平台的兴起与影响

随着互联网技术的飞速发展，线上投资平台如雨后春笋般涌现，为投资者提供了前所未有的便捷投资渠道。这些平台通过整合市场资源，打破了传统投资模式的时空限制，使得投资者能够随时随地进行交易，极大地提高了投资的灵活性和效率。同时，线上投资平台还通过提供丰富的投资产品、个性化的投资建议以及智能化的风险管理工具，帮助投资者更好地实现投资目标。这一新兴模式的兴起，不仅推动了投资行业的创新发展，也对传统金融机构产生了深远的影响，促使其加快数字化转型步伐。

2. 电子商务对投资组合管理的影响

电子商务的广泛应用对投资组合管理产生了深刻的影响。一方面，电子商务平台提供了丰富的数据来源，使得投资者能够更全面地了解市场动态和企业经营状况，从而更准确地评估投资项目的风险和收益。另一方面，电子商务的快速发展也推动了金融科技的进步，如智能投顾、量化交易等技术的应用，使得投资组合管理更加精细化、个性化。这些变化不仅提高了投资组合的收益率，还降低了投资风险，为投资者带来了更好的投资体验。

3. 投资效率与成本控制的变革

电子商务的兴起对投资效率与成本控制带来了显著的变革。在电子商务环境下，投资者可以通过线上平台快速完成交易，无须烦琐的线下手续，大大提高了投资效率。同时，电子商务平台通过降低信息不对称性，使得投资者能够更准确地评估投资项目的价值，从而避免过高的投资风险。在成本控制方面，电子商务平台的运营成本相对较低，能够为投资者提供更优惠的投资产品和服务。此外，电子商务平台还可以通过大数据分析等技术手段，为投资者提供更精准的投资建议，进一步降低投资成本。这些变革不仅使得投资者能够更高效地管理投资组合，还为其带来了更多的投资机会和收益。

二、电子商务对企业管理对象的冲击

（一）企业内部管理对象的变革

1. 电子商务对组织架构与流程的影响

电子商务的兴起对企业内部组织架构与流程产生了深远影响。传统企业往往采用层级分明的组织架构，决策流程烦琐，信息传递效率低下。然而，在电子商务环境下，企业需要更加灵活、高效地响应市场变化，这促使企业开始优化组织架构，减少决策层级，提高信息流通速度。同时，电子商务也推动了企业流程的再造，通过引入自动化、智能化的工具和系统，实现业务流程的精简和高效化。这种变革不仅提高了企业的运营效率，还增强了其对市场变化的适应能力。

2. 线上协作与沟通工具的普及与应用

随着电子商务的发展，线上协作与沟通工具在企业内部得到了广泛普及和应用，这些工具打破了传统办公模式的时空限制，使得员工能够随时随地进行协作和沟通。无论是远程会议、在线文档编辑还是即时通信工具，都极大地提高了员工之间的协作效率和沟通便捷性。这不仅促进了信息的快速传递和共享，还增强了团队的凝聚力和执行力。线上协作与沟通工具的普及应用，为企业打造了一个更加高效、协同的工作环境。

（二）企业外部管理对象的调整

1. 电子商务对供应链管理的影响

电子商务的兴起对供应链管理产生了深远的影响。传统供应链管理模式往往依赖于纸质文档和人工操作，信息传递效率低下，且易出错。然而，在电子商务环境下，供应链管理开始向数字化、智能化方向转型。企业可以通过电子商务平台实现与供应商、分销商等合作伙伴的实时信息共享，提高供应链的透明度和响应速度。同时，电子商务还推动了供应链管理的精细化，企业可以利用大数据分析等技术手段对供应链进行优化，降低库存成本，提高物流效率。这些变革使得企业能够更好地适应市场变化，提升竞争力。

2. 客户关系管理与市场营销的变革

电子商务的发展也带来了客户关系管理与市场营销的变革。传统企业往往通过线下渠道与客户进行互动，而电子商务使得企业可以通过线上渠道与客户建立更加紧密的联系。企业可以利用电子商务平台收集客户数据，进行精准营销和个性化推荐，提高客户满意度和忠诚度。同时，电子商务还推动了市场营销的创新，如社交媒体营销、内容营销等新型营销方式的出现，使得企业能够更加灵活地应对市场变化，拓展市场份额。

3. 电子商务环境下的合作伙伴关系构建

在电子商务环境下，企业与合作伙伴之间的关系也发生了变化。传统企业往往与固定的供应商、分销商等合作伙伴建立长期稳定的合作关系，而在电子商务环境中，企业需要更加灵活地构建合作伙伴关系，以适应市场的快速变化。企业可以通过电子商务平台与全球范围内的合作伙伴进行实时互动和交易，降低合作成本，提高合作效率。同时，在合作伙伴的选择上，企业也更加注重合作伙伴的创新能力和服务质量，以共同应对市场的挑战和机遇。这种新型的合作伙伴关系构建方式使得企业能够更加灵活地应对市场变化，实现共赢发展。

（三）企业管理策略的创新

1. 电子商务驱动的企业战略转型

电子商务的迅猛发展正不断驱动企业进行战略转型。在电子商务的浪潮下，企业开始重新审视自身的市场定位和业务模式，积极探索线上市场的新机遇。这种转型不仅仅局限于销售渠道的拓展，更涉及企业整体运营模式的变革。企业开始注重线上线下的融合发展，通过构建全渠道营销体系，实现线上线下的无缝对接。同时，企业还开始关注数字化转型，利用大数据、人工智能等先进技术提升企业运营效率和客户体验。这种战略转型使得企业能够更好地适应电子商务环境，抓住市场发展的新机遇。

2. 数据驱动的企业管理决策模式

在电子商务环境下，数据已经成为企业最重要的资产之一，越来越多的企业开始采用数据驱动的管理决策模式，通过收集、分析和利用大数据来指导企业的战略规划和运营决策。这种决策模式使得企业能够更加精准地了解市场需求和消费者行为，从而制定出更加符合市场实际的经营策略。同时，数据驱动的企业管理决策模式还能够帮助企业实时监控运营状况，及时发现并解决问题，提升企业的整体运营效率。

3. 电子商务环境下的企业风险管理

电子商务环境给企业带来了新的机遇，同时也带来了更多的风险。在电子商务环境下，企业需要更加注重风险管理，建立完善的风险管理体系，包括对市场风险的识别与评估、对信用风险的防范与控制、对信息安全风险的保障与应对等。企业需要通过引入先进的风险管理技术和工具，提升风险管理的科学性和有效性。同时，企业还需要加强内部风险管理文化的建设，增强全体员工的风险意识和风险防范能力。只有这样才能确保企业在电子商务环境中稳健发展，实现可持续增长。

三、电子商务对财务分析模式的冲击

（一）财务分析数据源的变革

1. 电子商务数据在财务分析中的应用

随着电子商务的蓬勃发展，电子商务数据已成为财务分析中不可或缺的重要数据源，这些数据涵盖了销售记录、客户行为、市场趋势等多个维度，为财务分析提供了更为全面和深入的信息。通过对电子商务数据的挖掘和分析，企业可以更加准确地评估财务状况，识别盈利模式和风险点，从而做出更加明智的财务决策。例如，利用电子商务数据，企业可以进行销售预测、库存管理优化以及客户细分等，进而提升财务绩效和市场竞争力。

2. 大数据与人工智能对财务分析的支持

大数据和人工智能技术的快速发展为财务分析提供了强大的支持。大数据技术使得企业能够处理和分析海量的财务数据，从中提取出有价值的信息和洞察。而人工智能技术则可以通过机器学习、自然语言处理等技术手段，对财务数据进行深度挖掘和智能分析。这些技术的应用不仅提高了财务分析的准确性和效率，还使得企业能够发现隐藏在数据背后的规律和趋势，为财务决策提供更有力的支持。

3. 电子商务环境下的数据隐私与安全问题

在电子商务环境下，数据隐私和安全问题成为财务分析中不可忽视的重要方面。随着电子商务数据的不断积累和交换，企业面临着数据泄露、身份盗用等风险。因此，在利用电子商务数据进行财务分析时，企业必须采取有效的措施来保护数据的隐私和安全，包括加强数据加密、访问控制、定期审计等方面的安全管理，以及遵守相关的法律法规和隐私政策。只有这样，企业才能在确保数据隐私和安全的前提下，充分利用电子商务数据进行财务分析，为企业的可持续发展提供有力支持。

（二）财务分析方法的创新

1. 电子商务驱动的财务指标重构

电子商务的兴起促使企业重新审视和构建其财务指标体系。传统的财务指标往往侧重于历史数据的回顾和评估，而在电子商务环境下，企业更需要关注实时数据和市场动态。因此，财务指标重构成为一种必然趋势。企业开始引入与电子商务相关的关键绩效指标（KPIs），如网站流量、转化率、客户获取成本等，以更全面地评估电子商务业务的财务状况和绩效。这种重构不仅有助于企业更准确地了解电子商务业务的盈利能力和市场潜力，还能为企业制定更有效的战略和决策提供有力支持。

2. 实时财务分析与预测能力的提升

在电子商务环境下，企业面临着快速变化的市场环境和竞争压力。因此，实时财务分析和预测能力的提升变得尤为重要。通过利用先进的数据分析工具和技术，企业可以实时监控财务状况，及时发现潜在的风险和机会。同时，基于大数据和机器学习算法的预测模型可以帮助企业更准确地预测未来财务趋势和业绩，从而为企业制定更精准的财务计划和战略提供有力支持。这种实时分析和预测能力的提升有助于企业更好地应对市场变化，提升竞争力和盈利能力。

（三）财务分析决策支持系统的升级

1. 电子商务对财务分析决策系统的影响

电子商务的迅猛发展对财务分析决策系统产生了深远的影响。传统的财务分析决策系统往往依赖于历史数据和手工操作，难以应对电子商务环境下海量、实时的数据需求。而电子商务的兴起促使企业开始构建更加先进、高效的财务分析决策系统。这些系统能够实时收集、整合和分析电子商务数据，为企业的财务决策提供有力支持。同时，电子商务还推动了财务分析决策系统的智能化和自动化发展，使得企业能够更加精准、快速地做出财务决策，提升市场竞争力。

2. 智能化财务分析决策工具的发展

随着人工智能、大数据等先进技术的不断发展，智能化财务分析决策工具应运而生。这些工具能够利用机器学习、自然语言处理等技术手段，对财务数据进行深度挖掘和智能分析，为企业提供更加准确、全面的财务洞察。同时，智能化财务分析决策工具还能够根据企业的实际需求，定制化的生成财务报告和分析结果，为企业的财务决策提供个性化的支持。这些工具的发展不仅提高了财务分析的准确性和效率，还使得企业能够更加灵活地应对市场变化，做出更加明智的财务决策。

3. 电子商务环境下财务分析人员的角色转型

在电子商务环境下，财务分析人员的角色也在悄然发生着变化。传统的财务分析人员往往更侧重于数据的收集和整理，而在电子商务时代，他们需要更多地参与到企业的战略决策中来。财务分析人员需要利用先进的财务分析工具和技术，对电子商务数据进行深度挖掘和分析，为企业的战略制定和财务决策提供有力的数据支持。同时，他们还需要与业务部门紧密合作，共同推动企业的业务发展和创新。这种角色的转型不仅要求财务分析人员具备更强的数据分析和决策能力，还需要他们具备更全面的业务知识和战略眼光。

四、数字化转型对财务管理的影响

（一）工作流程优化与自动化

1. 自动化账务处理

借助先进的自动化软件，企业得以摒弃传统的手工记账方式，实现了财务信息的实时更新与准确记录。这一变革不仅显著提升了账务处理的效率，更在准确性方面达到了前所未有的高度。自动化的好处显而易见：它降低了因人为操作失误而导致的数据错误，增强了财务数据的可信度。同时，自动化的账务处理还带来了数据的透明性和可追溯性，使每一笔交易、每一项数据变动都能被清晰地追踪和审查。这种透明度不仅加强了企业的内部控制，也为外部审计提供了极大的便利。自动化的账务处理系统能够快速生成各类详尽的财务报表，有助于更全面地了解企业的经营状况，从而做出更为明智和精准的决策。

2. 审批流程的数字化

通过引入电子化的审批系统，企业成功地将审批工作从线下移至线上，极大地便利了财务管理人员。现在，他们不再受时间和地点的限制，可以随时随地处理各类审批请求，无论是报销单据、采购申请还是合同签署，一切都能在手机上或电脑上迅速完成。这种数字化的审批方式不仅显著提升了工作效率，更让审批过程变得清晰可见。系统提供的实时追踪和监控功能，使得每一步审批都有迹可循，大大增强了审批的透明性和可控性，有效避免了传统审批中可能出现的“拖延症”或“信息断层”。

（二）数据驱动的决策支持

1. 财务数据整合与分析

随着市场竞争的日益激烈，企业需要更加深入地了解自己的财务状况，以便更好地应对各种挑战。而大数据技术为企业提供了一个强大的工具，它能够高效地收集、整合海量的财务数据，并通过深入的分析，揭示出市场动态和业务趋势。通过大数据技术，企业可以洞察到哪些产品或服务在市场上表现优异，哪些区域或渠道具有更大的潜力，甚至还能预测未来的市场走向。这些信息对于企业制定战略、优化资源配置具有极高的价值。

2. 基于数据的风险评估

利用历史财务数据进行风险评估已成为现代企业管理中不可或缺的一环。企业面临的财务风险多种多样，从市场波动到供应链中断，再到内部运营的不稳定，每一种风险都可能对企业的财务状况产生深远影响。而通过深入分析过往的财务数据，企业能够更准确地识别出那些隐藏在数字背后的风险点。这种基于数据的风险评估方法，其核心价值在于它的准确性和客观性。与传统的风险评估相比，它不再仅仅依赖于专家的主观判断，而是通过大量的历史数据来揭示风险的真实面貌，使得企业能够更有针对性地制定应对策略。无论是通过调整投资策略、优化库存管理，还是加强内部控制，都能更加精准地对症下药。

（三）财务管理系统的智能化

1. 智能预测与规划

财务管理系统通过深度学习历史数据，能够洞察数据背后的复杂模式与趋势，从而为企业描绘出未来可能的财务走势。这种智能预测不仅仅局限于短期的市场动态，更能展望长远的经济趋势，为企业的长远规划提供宝贵的信息。基于这些预测，系统还能自动生成合理的财务规划方案。这些方案不仅考虑了企业的当前财务状况，还结合了市场的发展趋势和行业的竞争态势，确保企业在激烈的市场竞争中始终保持领先。

2. 智能财务分析与报告

智能化的财务分析与报告系统能够高效地自动提取、整理海量财务数据，并运用先进的算法进行深入分析，其生成的财务报告不仅内容详尽，数据准确无误，更能够根据管理层的具体需求进行灵活的定制化展示。通过智能生成的财务报告，企业能够更为清晰地掌握自身的财务状况，包括资金流向、成本控制、收益状况等关键信息。同时，这些报告也帮助企业更准确地定位自己在市场中的位置，识别出潜在的竞争优势和需要改进的领域。有了这些宝贵的信息作为支撑，企业就能够为未来的发展制定出更为明智和可行的战略计划，从而在激烈的市场竞争中占得先机，奠定坚实的发展基础。

第二节 电子商务环境下企业财务管理模式构建

一、电子商务背景下企业财务管理模式的主要特点

（一）执行财务控制

在电子商务环境中，企业能够迅速掌握当前活动的财务数据，实现财务信息的即时生成，并立即将其反馈给需要这些信息的相关方。这一特点使得电子商务在财务处理方面具有极高的效率和响应速度。此外，电子商务执行财务控制的力度也非常强大，能够在极短的时间内对当前进行的活动进行校正和调整，确保财务活动的准确性和合规性。这是由于电子商务系统可以直接发布控制指令，实时掌控和调整财务活动，从而有效避免潜在的财务风险和问题。相比传统的财务管理方式，电子商务在财务数据处理和控制方面展现出了明显的优势。它不仅提高了财务处理的效率和准确性，还加强了企业对财务活动的实时监控和控制能力。这使得企业在面对市场变化和竞争挑战时能够更加灵活和迅速地做出响应。

（二）进行集中管理

在电子商务环境中，企业数据、企业信息以及财务信息均呈现出高度集中的特点。这种集中化不仅体现在数据的存储上，更体现在对数据管理权限的集中把控上，如企业数据管理权、企业信息管理权以及财务信息管理权等均得到了有效的集中。电子商务平台不仅具备信息共享的强大功能，还展现

出了卓越的集中管理能力。无论是信息流、资金流还是物流，都可以通过电子商务平台实现统一的管理和控制。这一特性为财务管理员带来了极大的便利。他们可以更加直接地采集业务数据，无需经过烦琐的中间环节。同时，由于数据的集中管理，财务管理员对数据的管理能力也得到了显著提升，能够更加高效、准确地处理和分析财务数据，为企业的财务决策提供有力的支持。

（三）协同财务及业务

在电子商务环境中，无论是采购、入库、出库等财务活动，还是销售等其他业务环节，都能实现财务与业务的紧密协同。这种协同不仅体现在企业内部各部门之间的无缝对接，还体现在企业与外部实体，如供应商、政府部门、客户或其他联盟企业之间的高效协作。电子商务平台通过信息化手段，打破了传统业务与财务之间的壁垒，使得各项业务活动能够实时与财务系统同步，大大提高了财务管理的效率和准确性。同时，电子商务平台还增强了企业与外部实体的协同运作能力，使得企业能够更好地响应市场变化，优化资源配置。由此可见，电子商务在提高企业财务管理员工作效率方面发挥着重要作用，同时在企业整体发展方面也功不可没，为企业带来了全新的发展机遇和竞争优势。

（四）远程控制、处理财务

在电子商务环境中，财务处理和财务控制均是基于互联网进行的。虚拟网络如同一个庞大的数据收纳箱，不仅将企业各部门的财务数据囊括其中，就连企业外部的财务信息也被一一记录在案。对于财务管理员而言，采集这些数据变得异常便捷。他们只需轻轻一点，即可轻松获取所需信息，无需再像过去那样东奔西走，进行烦琐的实地访问和查询。这种变革极大地提高了财务管理的效率，使得财务管理员能够更加专注于数据的分析和利用。此外，电子商务在数据采集方面展现出了强大的能力，其采集范围不是局限于城市、国家这样的小范围，而是能够迅速覆盖全球范围内的共享资源。这一特点使得企业能够更加全面地了解市场动态和行业趋势，为制定科学的财务策略提供有力支持。

（五）高效管理财务组织

在电子商务环境中，电子商务与财务管理的结合形成了一种独具特色的管理方法。这种管理方法将财务管理的原则和主要参数完美地融入了电子商务模式下的财务管理结构中，使得各项业务能够被层层分解，实现了精细化管理。同时，电子商务还执行了分级管理策略，每个部门都被赋予了明确的责任和任务，确保了工作的有序进行。在这种管理模式下，每个部门都能够清晰地了解自己的职责所在，从而更好地完成工作任务。此外，电子商务还具备完善的财务组织管理方案。这一方案不仅对工作进程进行了稳定的掌控，还对工作评价进行了明确的规定。这使得各个部门的工作能够得到公正、客观的评价，从而进一步激发了部门的工作积极性和创造力。综合来看，电子商务在财务管理方面的应用为企业带来了一种全新的、高效的管理模式。

（六）构建信息系统

在电子商务环境中，企业不仅能够实现对外的高效、便捷且安全的货币转账和支付功能，还能促进信息的互动与资源的共享。整个财务信息系统展现出了财务业务电子化的鲜明特色，极大地提升了财务管理的效率和便捷性。同时，电子商务还具备对内执行网络财务管理和网络财务监控的能力，能够对企业内部的财务活动进行实时、准确的监控和管理。更为重要的是，电子商务还能再造基础设计，将传统的财务流程与电子商务财务系统完美融合，实现财务管理的全面升级。此外，电子商务还涵盖了核算导向、决策导向和控制导向三种信息需求模式。这三种模式不仅实现了信息技术的电算化，更在智能化、信息化等方面展现出了显著的特征。这使得企业在财务管理方面能够更加精准地进行核算、决策和控制，为企业的稳健发展提供了有力的支持。

二、电子商务背景下企业财务管理模式的构建

（一）整合财务处理程序

在电子商务背景下，构建企业财务管理模式成为一项重要任务，要求人们通过整合财务处理程序，实现财务管理的高效与科学。为了实现这一目标，需要将财务管理方式与信息技术的发展有机结合，从而形成一个系统性的管理模式。这一模式不仅涵盖了财务管理结构和财务流程，还注重整体性的优化。在构建过程中，必须从全局性的角度出发，对各项财务活动进行全面审视。通过减少不增值的活动和无效活动，可以进一步优化财务流程，提高财务管理的效率。这种优化不仅有助于降低企业的运营成本，还能提升企业的整体竞争力。因此，在电子商务背景下，企业需要不断探索和创新，以构建一个适应时代发展需求的全新财务管理模式。

（二）建立财务制度

在电子商务背景下，构建企业财务管理模式的一个重要途径是建立完善的财务制度。财务制度要求财务流程、财务组织、财务信息系统以及财务处理方法都必须受其制约和规范，以确保财务管理的有序性和高效性。同时，财务制度还需具备宏观性，不仅要与社会主义经济发展的总体要求相契合，还要能够对电子商务背景下的企业财务管理产生有效的约束和引导。这意味着财务制度要能够适应电子商务环境的特点，对企业在该背景下的财务活动进行规范和指导，确保企业财务管理的科学性和合理性。通过这样的财务制度构建，企业可以更好地应对电子商务带来的挑战和机遇，实现财务管理的现代化和高效化，进而提升企业的整体竞争力和可持续发展能力。

（三）重组财务组织结构

在电子商务背景下，构建企业财务管理模式的一个关键步骤是通过重组财务组织结构来实现。这一过程中，首要任务是更新那些老旧的财务管理观

念和概念，摒弃传统思维模式的束缚，站在一个全新的角度上审视和思考财务管理问题。这意味着要拥抱创新，接纳新的财务管理理念和方法，以适应电子商务环境带来的变化。同时，财务组织结构的重组也是不可或缺的一环。通过对现有财务组织结构的深入分析和优化，可以消除冗余和低效的环节，提升财务管理的效率和响应速度。这样的重组不仅能够使企业财务管理焕发新气象，还能够更好地支撑企业在电子商务背景下的业务发展和战略实施。

（四）完善财务处理机制

在电子商务背景下，构建企业财务管理模式的关键在于完善财务处理机制。这一过程中，企业应积极采用多种先进的财务处理方法，不仅限于传统的财产保全、授权批准和复式记账等手段，还应引入全面预算、无形资产计量评价和标准成本控制等全新的财务管理工具。通过这些现代化财务管理工具的应用，企业能够更全面地掌握财务状况，更准确地进行财务决策，从而提升财务管理的整体效能。同时，完善财务处理机制还意味着企业需要不断更新财务观念，提高管理团队的素质和能力，以确保财务管理模式能够适应不断变化的经济环境。企业应积极培养财务人员的创新意识和专业能力，使他们能够在电子商务背景下灵活运用各种财务处理方法，为企业的发展提供有力的财务支持。

（五）深度改造财务处理控制

在电子商务背景下，构建企业财务管理模式需要对财务处理控制进行深度改造。改造的核心在于将财务处理控制方法与信息技术紧密结合，从而确保各种财务处理控制方法能够在实际业务中得到灵活、高效的应用。通过信息技术的引入，企业可以实现财务数据的实时处理和分析，提高财务管理的精准度和响应速度。同时，为了适应电子商务环境的多样性和复杂性，企业还需要打造全新的财务管理结构。这些结构包括星型管理结构、水平总线型管理结构、虚拟组织以及网络型管理结构等，它们各自具有独特的特点和优势，能够满足企业在不同场景下的财务管理需求。通过引入这些全新的管理结构，企业可以构建一个更加丰富多样、灵活应变的财务管理体系，为企业的稳健发展提供有力支持。

三、实施财务数字化转型战略

（一）明确转型方向与目标

1. 分析现有财务管理状况

在实施财务数字化转型之前，企业必须对现有的财务管理状况进行深入且全面的分析。这一步骤至关重要，因为它为后续的转型工作奠定了坚实的基础。分析的内容应涵盖财务流程的效率、系统的使用情况及其功能性、人员的技能水平以及是否存在技能缺口等方面。通过对这些关键要素的细致审视，企业能够准确地识别出当前财务管理中存在的问题和瓶颈，从而确定数字化转型的重点和方向。这种有针对性的分析不仅有助于企业明确自身需求，还能确保转型策略与企业的实际情况紧密契合，提高转型成功的可能性。

2. 设定数字化转型的具体目标

在深入分析了现有财务管理状况之后，企业应基于这些发现来设定明确、具体的数字化转型目标。这些目标不仅为转型工作提供了清晰的方向，还是衡量转型成功与否的重要标准。例如，企业可以设定提高财务处理效率的目标，通过数字化手段优化流程、减少人工干预，从而加快财务处理速度。同时，优化成本控制也是一个重要的目标，通过数字化转型实现更精细化的成本管理，减少不必要的开支。此外，加强风险管理也是数字化转型的关键目标之一，利用先进的技术工具提升风险识别和应对能力，保障企业财务安全。这些具体目标的设定，有助于企业在转型过程中保持清晰的战略视野，确保各项工作紧紧围绕核心目标展开。

（二）技术选型与平台搭建

1. 选择适宜的数字化技术

在财务数字化转型的过程中，选择适宜的数字化技术至关重要。企业应根据自身的转型目标和实际需求，仔细评估各种数字化技术的适用性和优势。例如，云计算能够提供弹性可扩展的计算资源、大数据分析能够深入挖掘财务数据中的价值、区块链技术可以增强财务数据的透明度和可信度。通过精心挑选与组合这些技术，企业能够构建起一个高效、智能的财务管理体系。这样的技术选型不仅能够提升财务管理的效率和准确性，还能够为企业带来更广阔的战略视野和更强的市场竞争力。

2. 构建稳定的数字化财务平台

为了支撑财务管理的数字化转型，企业需要构建一个稳定、安全的数字化财务平台。该平台应具备强大的数据处理和分析能力，能够高效地集中存储、处理和分析海量的财务数据。同时，平台的稳定性和安全性也是不可忽视的要素，确保财务数据在传输、存储和使用过程中的安全性和保密性。此外，平台还应具备可扩展性和灵活性，以便随着企业业务的发展和市场环境的变化进行及时的调整和优化。通过构建一个功能强大、稳定可靠的数字化财务平台，企业能够为财务管理的数字化转型提供坚实的技术支撑，进一步推动企业的创新和发展。

（三）优化财务流程与提升数据质量

1. 重组和简化财务流程

在数字化转型过程中，企业需要对现有的财务流程进行全面的审视和优化，通过深入了解和分析现有流程中的瓶颈和问题，企业可以针对性地进行流程重组和简化。这包括减少不必要的环节和步骤，合并或优化重复或低效的流程，以及引入自动化和智能化的工具来提高处理速度和准确性。通过这些措施，企业可以更好地适应数字化管理的需求，提高财务处理的效率和准确性，从而为企业创造更大的价值。

2. 提升财务数据质量与一致性

财务数据质量是企业决策分析的基石，因此，确保财务数据的准确性和一致性至关重要。企业应建立一套完善的数据质量管理体系，明确数据的质量标准，并对数据进行定期的校验和审核。同时，通过采用先进的数据清洗和整合技术，可以进一步提高数据的质量和一致性。这些措施不仅可以为企业提供更加准确、可靠的财务数据，还可以为企业的决策分析提供强有力的支持，帮助企业做出更加明智的决策，推动企业的持续发展。

第三节 电子商务财务管理模式在传统零售业实施策略

一、打造企业的信息化以满足未来发展趋势

（一）信息化建设的重要性

1. 信息化在现代企业管理中的作用

信息化在现代企业管理中扮演着至关重要的角色，其不仅仅是技术层面的革新，更是一种全新的管理理念和模式的引入。通过信息化手段，企业可以实现资源的优化配置，提高管理决策的科学性和准确性。信息化使得企业能够实时掌握市场动态，快速响应市场变化，从而做出更加符合市场需求的战略调整。同时，信息化还有助于提升企业内部的沟通效率，打破部门壁垒，实现信息的共享与协同，进而提升企业的整体运营效率。

2. 提升企业运营效率与响应速度

信息化建设的核心目标之一是提升企业运营效率和响应速度。在传统的管理模式下，企业往往面临信息传递滞后、决策过程繁琐等问题，导致运营效率低下，难以快速响应市场变化。而信息化建设的推进，使得企业能够通过信息系统实现数据的实时采集、处理和分析，从而大幅缩短了决策周期，提高了企业的响应速度。此外，信息化还能够优化企业的业务流程，减少不必要的环节和浪费，进一步提升运营效率。

3. 信息化对未来市场竞争力的影响

在日益激烈的市场竞争中，信息化已经成为企业提升竞争力的重要手段。未来市场将更加注重企业的创新能力、服务能力和响应速度，而这些都离不开信息化的支撑。通过信息化建设，企业可以更好地了解市场需求和消费者

行为，从而开发出更加符合市场需求的产品和服务。同时，信息化还能够帮助企业构建更加灵活和高效的组织架构，提高企业的适应能力和变革能力，使企业在未来的市场竞争中立于不败之地。因此，对于现代企业而言，信息化建设已经不再是可选项，而是必选项，它直接关系到企业的未来发展和市场竞争力。

（二）信息化建设的实施策略

1. 信息技术基础设施的升级与扩展

信息技术基础设施是信息化建设的基石。为了支撑企业业务的快速发展和数据的海量增长，必须对现有的信息技术基础设施进行升级与扩展。这包括：网络设备的更新换代，确保网络的高速、稳定、安全；服务器和存储设备的扩容，以应对数据量的爆炸性增长；终端设备的更新，提升用户体验和工作效率。同时，还需要考虑信息技术基础设施的可扩展性，以便在未来能够方便地进行扩容和升级，满足企业不断发展的需要。

2. 数据管理能力的提升与数据安全保障

在信息化建设中，数据是核心，因此，提升数据管理能力和保障数据安全是至关重要的。企业需要建立完善的数据管理体系，包括数据的采集、存储、处理、分析和应用等各个环节。同时，还需要加强数据安全保障，制定严格的数据访问权限和操作规范，防止数据泄露和滥用。此外，还需要建立数据备份和恢复机制，确保在数据丢失或损坏时能够及时恢复，保证业务的连续性。

3. 云计算、大数据等先进技术的应用

云计算、大数据等先进技术是信息化建设的重要支撑。云计算可以提供灵活、可扩展的 IT 资源，帮助企业降低 IT 成本，提高业务敏捷性。通过云计算，企业可以实现按需使用 IT 资源，快速响应市场变化。大数据技术可以帮助企业从海量数据中提取有价值的信息，支持业务决策和创新。通过应用大数据技术，企业可以深入了解市场需求、消费者行为等，为产品和服务创新提供有力支持。因此，在信息化建设中，企业应该积极考虑应用云计算、大

数据等先进技术，以提升自身的竞争力和创新能力。

二、集中化管理资金，创建符合零售业发展的电子商务资金流

（一）资金集中化管理的必要性

1. 资金流在零售业电子商务中的重要性

在零售业电子商务领域，资金流是企业运营的生命线，其重要性不言而喻。资金流不仅关乎企业的日常运营，如采购、销售、库存管理等，还直接影响到企业的战略决策和市场竞争力。一个稳定、高效的资金流能够确保企业及时采购到优质商品，满足市场需求，同时保证销售款项的及时回收，维持企业的正常运转。在电子商务环境下，资金流的数字化、网络化特征更加明显，企业对资金流的实时监控和调度能力成为衡量其运营效率和市场响应速度的重要指标。因此，优化资金流管理，确保资金流的稳定性和高效性，是零售业电子商务企业必须重视的核心问题。

2. 集中化管理对提升资金利用效率的作用

资金集中化管理是一种有效的资金管理策略，通过将企业分散在各业务单元、各部门的资金统一集中到总部或专门的资金管理中心进行管理，以实现资金的统一调度和有效配置。这种管理方式能够显著提升资金的利用效率，降低资金成本。首先，集中化管理能够使企业更加清晰地了解自身的资金状况，包括资金的分布、使用情况和闲置情况等，从而为企业提供更加准确的资金决策依据。其次，通过资金的集中调度，企业可以更加灵活地应对市场变化，如抓住市场机遇进行扩大投资或应对突发风险进行资金储备等。最后，集中化管理还有助于降低企业的资金成本，通过统一的资金池进行融资和投资，可以获得更优惠的融资条件和更高的投资收益。因此，对于零售业电子商务企业来说，实施资金集中化管理是提升资金利用效率、增强企业竞争力的重要途径。

（二）电子商务资金流的构建策略

1. 电子商务平台与财务系统的集成

在电子商务环境中，资金流的顺畅运行依赖于电子商务平台与财务系统的有效集成。这种集成不仅涉及技术层面的对接，更包括业务流程的深度融合。通过集成，电子商务平台上的交易数据能够实时同步至财务系统，确保财务信息的准确性和时效性。同时，财务系统能够基于这些数据自动生成财务报表，为管理层提供决策支持。此外，集成还有助于提升订单处理效率，减少人为错误，从而优化客户体验。因此，电子商务平台与财务系统的集成是构建高效资金流的基础。

2. 实时资金监控与预警机制的建立

实时资金监控是确保资金流安全的重要手段。通过建立实时资金监控系统，企业可以随时随地掌握资金状况，包括资金流入、流出以及结余情况。这有助于企业及时发现资金异常，如大额资金流动、未授权交易等，从而迅速采取措施防止损失。同时，结合预警机制，当资金流出现潜在风险时，系统能够自动发出警报，提醒管理层关注并采取相应措施。实时资金监控与预警机制的建立有助于企业提升风险管理能力，确保资金流的安全稳定。

3. 供应链金融在零售业电子商务中的应用

供应链金融是一种创新的金融服务模式，它将资金流与供应链紧密结合，为供应链上的企业提供融资解决方案。在零售业电子商务中，供应链金融的应用尤为广泛。通过供应链金融，零售商可以与上游供应商、下游分销商以及物流服务商等合作伙伴共享资金流信息，实现资金的协同管理。这有助于降低整个供应链的融资成本，提高资金利用效率。同时，供应链金融还为中小企业提供了更多的融资渠道，有助于它们解决资金瓶颈问题，促进业务发展。因此，在构建电子商务资金流时，企业应积极考虑应用供应链金融策略，以提升整个供应链的竞争力。

三、自企业内外部确保网络安全

（一）网络安全对企业的重要性

1. 网络安全威胁的多样性与严重性

在当今的数字化时代，网络安全威胁呈现出多样性和严重性的特征，包括但不限于恶意软件、病毒、黑客攻击、数据泄露、身份盗窃以及网络诈骗等。它们不仅可能破坏企业的网络系统，导致业务中断，还可能窃取或篡改敏感数据，给企业带来重大的经济损失和声誉损害。更为严重的是，一些高级别的黑客攻击甚至可能威胁到企业的生存。因此，企业必须高度重视网络安全威胁的多样性和严重性，采取有效的防护措施来确保网络环境的稳定和安全。

2. 保障网络安全对企业持续运营的意义

保障网络安全对企业持续运营有着至关重要的意义。首先，网络安全是企业业务连续性的基石。一旦网络遭受攻击或破坏，企业的业务运营可能会受到严重影响，甚至导致业务中断。这将直接损害企业的经济利益和客户信任。其次，网络安全关乎企业的声誉和品牌价值。如果企业的网络存在安全隐患或发生数据泄露等事件，将严重损害企业的形象和声誉，导致客户流失和市场份额下降。最后，网络安全也是企业合规经营的重要方面。随着网络安全法律法规的不断完善，企业必须遵守相关法规要求，保护用户数据的安全和隐私。否则，企业可能面临法律诉讼和巨额罚款的风险。因此，保障网络安全是企业持续运营不可或缺的一部分，企业必须将其视为战略性的重要任务来加以实施和管理。

（二）网络安全策略的实施

1. 内部网络安全管理制度的完善

内部网络安全管理制度的完善是确保企业网络安全的基础。企业应建立一套全面、细致的网络安全管理制度，明确网络安全的标准、流程和责任。

这包括：制定密码管理政策，确保密码的复杂性和定期更换；建立访问控制机制，对不同级别的员工设定不同的访问权限，防止敏感数据的非法访问；以及制定数据备份和恢复计划，确保在遭遇网络攻击或数据丢失时，能够及时恢复业务运营。通过完善内部网络安全管理制度，企业可以规范员工的网络行为，降低内部安全风险。

2. 外部网络安全防护体系的构建

除了内部管理制度的完善，企业还需要构建外部网络安全防护体系，以应对来自外部的网络安全威胁。这包括部署防火墙、入侵检测系统和防病毒软件等安全设备，实时监测和防御网络攻击；采用加密技术，保护数据传输过程中的安全性；以及定期对外部合作伙伴和供应商进行网络安全审查，确保整个供应链的网络安全。通过构建外部网络安全防护体系，企业可以提升自身的网络安全防护能力，有效抵御外部威胁。

3. 定期进行网络安全培训与演练

网络安全培训与演练是提升企业员工网络安全意识和技能的重要途径。企业应定期组织网络安全培训，向员工普及网络安全知识，教授如何识别和防范网络威胁，以及如何处理网络安全事件。同时，通过模拟真实的网络安全攻击场景，进行网络安全演练，让员工在实际操作中提升应对网络安全事件的能力。通过定期的培训和演练，企业可以培养出一支具备高度网络安全意识和技能的员工队伍，为企业的网络安全提供有力保障。

四、电子商务财务管理模式在传统零售业的创新应用策略

（一）引入数字化财务管理系统

1. 云计算与大数据技术的应用

在数字化财务管理系统的引入过程中，云计算为传统零售业提供了弹性、可扩展的计算资源，使其能够灵活应对业务高峰期的数据处理需求。通过云计算平台，企业可以实时存储、分析和共享财务数据，确保信息的及时性和准确性。而大数据技术则帮助企业深入挖掘海量财务数据中的价值，发现潜

在的商业机会和风险点。通过大数据分析，企业可以更精确地了解市场动态和消费者行为，为财务决策提供有力支持。这些技术的应用不仅提升了财务管理的效率和精确度，还推动了传统零售业向数字化转型的步伐。

2. 自动化与智能化的财务处理流程

随着数字化财务管理系统的引入，传统零售业得以实现财务处理流程的自动化与智能化。通过自动化工具，企业可以大幅减少人工操作环节，提高财务处理的准确性和效率。智能化技术则进一步优化了财务流程，如通过机器学习和人工智能技术，系统能够自动识别和处理财务数据，提供实时分析和预警功能。这种自动化与智能化的财务处理流程不仅降低了人力成本，还加强了财务管理的透明度和风险控制能力。企业可以更加便捷地监控资金流动、预测财务趋势，并做出及时有效的决策，以适应不断变化的市场环境。

（二）强化数据分析与决策支持

1. 消费者行为与市场趋势分析

在数字化时代，深入分析消费者行为与市场趋势对于传统零售业至关重要。通过收集并分析顾客购物数据、浏览记录以及购买偏好，企业可以洞察消费者的真实需求和消费习惯。这种分析不仅有助于精准定位目标客户群，还能为产品开发、营销策略和价格定位提供有力支持。同时，通过对市场趋势的深入分析，企业可以把握行业动态，及时调整经营策略，抢占市场先机。这种以数据为驱动的决策方式，显著提高了传统零售业的市场敏感度和竞争力。

2. 财务预测与风险评估模型

借助先进的预测模型，企业能够基于历史数据和当前市场状况，对未来财务状况进行合理预测。这不仅有助于企业制定更为精准的预算计划，还能确保资金的有效利用。同时，风险评估模型则帮助企业识别并量化潜在的财务风险，包括市场风险、信用风险和流动性风险等。通过这些模型的应用，企业可以制定更为完善的风险应对策略，从而在复杂多变的市场环境中保持稳健的运营态势。这种数据驱动的财务预测与风险评估方式，显著提升了传统零售业的风险防范能力和决策效率。

（三）优化供应链与资金流管理

1. 供应链金融与动态库存管理

通过与金融机构的合作，企业可以利用供应链中的应收账款、存货等进行融资，从而优化资金结构，提高资金周转率。此外，动态库存管理也是优化供应链的关键环节。通过实时跟踪库存情况，结合销售数据和市场需求预测，企业可以动态调整库存水平，避免库存积压或缺货现象。这不仅可以降低库存成本，还能提高客户满意度和忠诚度。综合应用供应链金融和动态库存管理，传统零售业可以实现供应链的高效运作，进而提升整体竞争力。

2. 资金流监控与风险管理

资金流是企业的生命线，对其进行有效的监控和管理至关重要。通过数字化财务管理系统，企业可以实时监控资金流动情况，包括资金流入、流出和结余等。这有助于企业及时发现资金异常，预防潜在的财务风险。同时，结合风险评估模型，企业可以对资金流进行风险量化分析，制定相应的风险应对措施。例如，通过建立风险准备金制度、多元化融资渠道等方式来降低资金风险。资金流监控与风险管理的有效结合，可以保障企业资金安全，为传统零售业的稳健发展提供有力支撑。

参考文献

［1］田晓燕．电子商务环境下企业物流与供应链管理创新研究［J］．商展经济，2024（14）：112-115.

［2］欧阳悦．“1+X”证书制度下跨境电子商务专业课程标准制定探究：以“B2B 网店运营与管理”课程为例［J］．现代商贸工业，2024，45（15）：23-26.

［3］高梓源．人机交互技术在电子商务营销管理改革中的应用［J］．信息系统工程，2024（07）：114-117.

［4］吴春蕾，陈晨．电子商务环境下的财务管理研究［J］．中国市场，2023，8（23）：158-161.

［5］韦玉磊．电子商务平台下基于供应链管理的物流优化研究［J］．中国储运，2024（06）：179-180.

［6］曾凡雯．数字经济背景下电子商务企业管理模式探究［J］．现代商业，2024（10）：109-112.

［7］倪国伟．电子商务企业的经营管理策略［J］．现代企业文化，2024（15）：13-15.

［8］茹艺璇．电子商务在现代经济管理中的运用研究［J］．产业创新研究，2024（09）：166-168.

［9］宋海静．电子商务环境下的跨区域供应链管理模式［J］．山西财经大学学报，2024，46（S1）：151-153.

［10］陈伟荻. 大数据时代电子商务企业管理模式的优化研究［J］. 行政事业资产与财务，2024（08）：36-38.

［11］孙文杰，崔巍. 从电子商务视角探讨供应链管理与物流挑战［J］. 商业观察，2024，10（11）：96-98，116.

［12］胡佳应. 中小企业电子商务运营模式与管理分析［J］. 中国中小企业，2024（04）：180-182.

［13］张哲. 电子商务企业的逆向选择与信用管理［J］. 陕西开放大学学报，2024，26（01）：63-66.

［14］孙泽红. 电子商务背景下企业财务管理模式的构建研究［J］. 财会学习，2024（06）：14-16.

［15］魏锦. 电子商务平台新媒体联动管理维度探索［J］. 中国报业，2024（04）：140-141.

［16］乔一涵. 电子商务平台对金融风险管理的影响及对策分析［J］. 商场现代化，2024（03）：30-32.

［17］段亚楠. 电子商务大数据智能存储管理系统的设计与实现解析［J］. 电脑编程技巧与维护，2024（01）：104-107.

［18］魏忠岚. 论电子商务对企业管理的影响与创新性［J］. 市场瞭望，2023（24）：104-106.

［19］朱慧. 电子商务企业财务管理现状与应对策略［J］. 中国总会计师，2023（10）：82-84.

［20］刘安东. 战略管理在电子商务企业中的应用［J］. 商场现代化，2023（09）：24-26.

［21］贺军忠. 电子商务安全问题的风险分析、管理及安全战略探析［J］. 电子商务，2018（08）：50-51.

［22］李红霞，刘佳合子. 电子商务对企业战略成本管理的影响［J］. 经贸实践，2017（19）：143-144.

［23］朱瑞贤. 电子商务企业的知识管理战略研究［J］. 中国管理信息化，2017，20（12）：126-127.

[24] 陶易. 基于竞争情报战略管理的 B2B 电子商务发展趋势研究［J］. 农业图书情报学刊，2017，29（03）：10-13.

[25] 马运杰. 论述企业电子商务发展战略管理［J］. 中小企业管理与科技（下旬刊），2016（06）：4-5.

[26] 丁悦华. 分析现代会计管理在电子商务中的应用策略［J］. 时代经贸，2024，21（06）：85-87.

[27] 宋佳莹. 财务视角下电子商务企业盈利模式研究：以拼多多为例［J］. 财务管理研究，2024（06）：62-69.

[28] 王静. 电子商务企业税务筹划风险及控制研究［J］. 财讯，2024（08）：11-13.

[29] 黄霞. 新形势下电商企业财务管理模式创新路径探索［J］. 中国集体经济，2023（35）：131-134.

[30] 孙文娟. 互联网下电商企业财务管理问题［J］. 信息产业报道，2023（3）：82-84.